The Leader Who Sparks Change and Empowers People

वह नेता जो बदलाव लाता है और लोगों को सशक्त बनाता है

Samadh

Copyright © [2023]
Title: The Leader Who Sparks Change and Empowers People
Author's: Samadh

All rights reserved. No part of this publication may be reproduced, stored in a retrieval system, or transmitted in any form or by any means, electronic, mechanical, photocopying, recording, or otherwise, without the prior written permission of the publisher or author, except in the case of brief quotations embodied in critical reviews and certain other non-commercial uses permitted by copyright law.

This book was printed and published by [Publisher's: **Samadh**] in [2023]

ISBN:

TABLE OF CONTENT

Chapter 1: The Spark of Inspiration   07

Understanding the role of vision and inspiration in leadership.

How to develop a clear and compelling vision for change.

Communicating the vision effectively to inspire others.

Real-world examples of leaders who ignited change through inspiration.

Chapter 2: Building Trust and Credibility   27

The importance of trust and credibility in leadership.

How to foster trust and build strong relationships with your team.

Leading with integrity and authenticity.

Case studies of leaders who lost their way due to a lack of trust.

Chapter 3: Empowering Others to Lead   46

Shifting from "doing" to "leading" through delegation and empowerment.

Identifying and nurturing leadership potential within your team.

Creating a culture of ownership and accountability.

Strategies for overcoming resistance to change and fostering buy-in.

Chapter 4: Navigating Challenges and Overcoming Obstacles   67

- Inevitability of obstacles and challenges in change initiatives.
- Effective communication strategies for navigating difficult conversations.
- Building resilience and fostering a positive mindset in the face of adversity.
- Learning from mistakes and adapting strategies as needed.

Chapter 5: The Sustainable Impact of Empowering Leadership   79

- The long-term benefits of empowering leadership for individuals, teams, and organizations.
- Creating a legacy of positive change that continues to inspire.
- Measuring the impact of your leadership through both quantitative and qualitative data.
- Reflection and personal growth as a leader.

TABLE OF CONTENT

अध्याय 1: प्रेरणा की चिंगारी   07

नेतृत्व में दृष्टि और प्रेरणा की भूमिका को समझना।

परिवर्तन के लिए एक स्पष्ट और आकर्षक दृष्टि कैसे विकसित करें।

दूसरों को प्रेरित करने के लिए दृष्टि को प्रभावी ढंग से संप्रेषित करना।

वास्तविक दुनिया के उन नेताओं के उदाहरण जिन्होंने प्रेरणा के माध्यम से बदलाव लाया।

अध्याय 2: विश्वास और विश्वसनीयता का निर्माण   27

नेतृत्व में विश्वास और विश्वसनीयता का महत्व।

अपनी टीम के साथ विश्वास पैदा करना और मजबूत रिश्ते बनाना।

ईमानदारी और प्रामाणिकता के साथ नेतृत्व करना।

उन नेताओं के मामले जिनका विश्वास की कमी के कारण रास्ता भटक गया।

अध्याय 3: दूसरों को नेतृत्व करने के लिए सशक्त बनाना — 46

- प्रतिनिधिमंडल और सशक्तिकरण के माध्यम से "करने" से "नेतृत्व करने" की ओर स्थानांतरण।
- अपनी टीम के भीतर नेतृत्व क्षमता की पहचान करना और उसका पोषण करना।
- स्वामित्व और जवाबदेही की संस्कृति का निर्माण।
- बदलाव के प्रतिरोध को दूर करने और सहमति पैदा करने के लिए रणनीतियाँ।

अध्याय 4: चुनौतियों का सामना करना और बाधाओं को पार करना — 67

- परिवर्तन के प्रयासों में बाधाओं और चुनौतियों की अनिवार्यता।
- कठिन बातचीत के लिए प्रभावी संचार रणनीतियाँ।
- प्रतिकूल परिस्थितियों में लचीलापन का निर्माण और सकारात्मक मानसिकता को बढ़ावा देना।
- गलतियों से सीखना और जरूरत के अनुसार रणनीतियों को अपनाना।

अध्याय 5: सशक्त नेतृत्व का स्थायी प्रभाव — 79

- व्यक्तियों, टीमों और संगठनों के लिए सशक्त नेतृत्व के दीर्घकालिक लाभ।
- सकारात्मक बदलाव की विरासत का निर्माण जो प्रेरणा देना जारी रखता है।
- मात्रात्मक और गुणात्मक दोनों तरह के डेटा के माध्यम से अपने नेतृत्व के प्रभाव को मापना।
- नेता के रूप में आत्मनिरीक्षण और व्यक्तिगत विकास।

Chapter 1: The Spark of Inspiration
Chapter 1:

नेतृत्व में दृष्टि और प्रेरणा की भूमिका को समझना

नेतृत्व एक जटिल और बहुआयामी अवधारणा है, जिसमें विभिन्न कारक और कौशल शामिल होते हैं। हालांकि, प्रभावी नेतृत्व की दो सबसे महत्वपूर्ण विशेषताएं हैं - दृष्टि और प्रेरणा।

दृष्टि एक स्पष्ट और आकर्षक भविष्य की छवि है जिसे नेता अपने अनुयायियों के साथ साझा करता है। यह एक लक्ष्य है जो लोगों को एक साथ लाता है और उन्हें एक साझा उद्देश्य के प्रति काम करने के लिए प्रेरित करता है। एक ठोस दृष्टि के बिना, नेतृत्व केवल दिशाहीन और असरदार हो जाता है।

प्रेरणा वह शक्ति है जो लोगों को कार्रवाई करने के लिए प्रेरित करती है। यह उनके जुनून को जगाती है, उन्हें सर्वश्रेष्ठ प्रदर्शन करने के लिए प्रोत्साहित करती है, और उन्हें अपने लक्ष्यों को प्राप्त करने के लिए आवश्यक दृढ़ता प्रदान करती है। एक प्रेरक नेता अपने अनुयायियों को विश्वास और उत्साह से भर देता है, जिससे वे असंभव को भी हासिल करने का प्रयास कर सकते हैं।

दृष्टि और प्रेरणा एक दूसरे से घनिष्ठ रूप से जुड़े हुए हैं। एक ठोस दृष्टि प्रेरणा का स्रोत है, जबकि प्रेरणा लोगों को दृष्टि को साकार करने के लिए आवश्यक ऊर्जा और प्रतिबद्धता प्रदान करती है। प्रभावी नेतृत्व इन दोनों तत्वों का एक संतुलित मिश्रण है।

कैसे दृष्टि एक नेता को प्रभावी बनाती है?

- दिशा और उद्देश्य प्रदान करता है: एक स्पष्ट दृष्टि लोगों को बताती है कि वे कहां जा रहे हैं और क्यों। यह उन्हें एक साझा लक्ष्य की ओर काम करने के लिए एकता और उद्देश्य देता है।

- जुनून और प्रतिबद्धता को प्रेरित करता है: जब लोग एक ऐसी दृष्टि में विश्वास करते हैं जो उनके लिए महत्वपूर्ण है, तो यह उन्हें कार्रवाई करने के लिए प्रेरित करता है। वे अपने लक्ष्यों को प्राप्त करने के लिए कड़ी मेहनत करने और आवश्यक बलिदान करने के लिए अधिक इच्छुक होते हैं।

- निर्णय लेने को आसान बनाता है: दृष्टि एक फिल्टर के रूप में कार्य करती है, जिससे नेताओं को रणनीति और कार्रवाई के सर्वोत्तम पाठ्यक्रम का चयन करने में मदद मिलती है। यह उन्हें उन निर्णयों पर ध्यान केंद्रित करने में सक्षम बनाता है जो दृष्टि को साकार करने में योगदान करते हैं।

- परिवर्तन और विकास को प्रेरित करता है: एक अच्छी दृष्टि भविष्य की संभावनाओं के लिए लोगों को उत्साहित करती है। यह उन्हें वर्तमान स्थिति से परे देखने और नई संभावनाओं का पता लगाने के लिए प्रोत्साहित करता है।

- लोगों को एक साथ लाता है: एक साझा दृष्टि लोगों को विभिन्न पृष्ठभूमि और अनुभवों के साथ एकजुट करती है। यह एक मजबूत टीम भावना और एकता की भावना पैदा करता है।

कैसे प्रेरणा एक नेता को प्रभावी बनाती है?

- लोगों को सर्वश्रेष्ठ प्रदर्शन करने के लिए प्रेरित करता है: जब लोग प्रेरित होते हैं, तो वे अपनी पूरी क्षमता का दोहन करने में सक्षम होते हैं। वे अधिक रचनात्मक, अभिनव और समस्याओं को हल करने में अधिक प्रभावी होते हैं।

- लचीलापन और दृढ़ता को बढ़ावा देता है: प्रेरित लोग चुनौतियों का सामना करने और असफलताओं से वापस उठने के लिए अधिक तैयार होते हैं। वे

अपने लक्ष्यों को प्राप्त करने के लिए दृढ़ता से काम करते रहते हैं, भले ही बाधाओं का सामना करना पड़े।

सहयोग और टीमवर्क को बढ़ावा देता है: जब लोग एक आम लक्ष्य के लिए एक साथ काम करने के लिए प्रेरित होते हैं, तो वे अधिक सहयोगी और एक-दूसरे का समर्थन करने के लिए अधिक इच्छुक होते हैं।

दृष्टि की शक्ति:

दृष्टि एक स्पष्ट और आकर्षक धारणा है कि भविष्य कैसा दिखना चाहिए। यह एक दीर्घकालिक लक्ष्य या दिशा है जो संगठन के सदस्यों को एकजुट करती है और उन्हें एक साझा उद्देश्य की ओर काम करने के लिए प्रेरित करती है। प्रभावी दृष्टि में निम्नलिखित विशेषताएं होनी चाहिए:

स्पष्ट और संक्षिप्त: इसे आसानी से समझाया जाना चाहिए और याद रखा जाना चाहिए।

प्रेरणादायक और आकर्षक: यह लोगों को उत्साहित और उत्साहित करना चाहिए।

यथार्थवादी और प्राप्त करने योग्य: यह एक महत्वाकांक्षी लक्ष्य होना चाहिए, लेकिन साथ ही साथ प्राप्त करने योग्य भी होना चाहिए।

लचीला और अनुकूलनीय: इसे बदलती परिस्थितियों के अनुरूप समायोजित किया जाना चाहिए।

एक नेता के रूप में, दृष्टि को स्पष्ट रूप से संवाद करना और उसे अपनी सभी कार्रवाइयों का केंद्रबिंदु बनाना महत्वपूर्ण है। इससे लोगों को संगठन के लक्ष्यों को समझने और उनके लिए प्रयास करने में मदद मिलती है।

प्रेरणा का महत्व:

प्रेरणा वह आंतरिक शक्ति है जो हमें कार्रवाई करने और अपने लक्ष्यों को प्राप्त करने के लिए प्रेरित करती है। एक प्रेरक नेता लोगों को अपने सर्वश्रेष्ठ प्रदर्शन करने और संगठन के सफलता में योगदान करने के लिए प्रेरित कर सकता है। प्रेरणा के कई तरीके हैं, जिनमें शामिल हैं:

- विश्वास और सम्मान का निर्माण: जब लोग महसूस करते हैं कि उनके नेता उन पर विश्वास करते हैं और उनका सम्मान करते हैं, तो वे कठिन प्रयास करने और सफल होने के लिए अधिक इच्छुक होते हैं।

- लक्ष्यों को चुनौतीपूर्ण और सार्थक बनाना: जब लोग महसूस करते हैं कि उनके लिए काम करने के लायक कुछ है, तो वे अधिक प्रेरित होते हैं।

- प्रशंसा और मान्यता प्रदान करना: लोगों को उनके अच्छे काम के लिए पहचाना जाना अच्छा लगता है, और इससे उन्हें और अधिक प्रयास करने के लिए प्रेरित मिलता है।

- सकारात्मक और उत्साही रवैया बनाए रखना: एक नेता का रवैया संक्रामक होता है, इसलिए सकारात्मक और उत्साही रहना टीम के मनोबल को बढ़ाने और उन्हें प्रेरित रखने में मदद कर सकता है।

दृष्टि और प्रेरणा का एकीकरण:

दृष्टि और प्रेरणा एक दूसरे के पूरक हैं। एक स्पष्ट दृष्टि लोगों को प्रेरित करने में मदद करती है, और प्रेरित लोग दृष्टि को प्राप्त करने के लिए कड़ी मेहनत करने के लिए अधिक इच्छुक होते हैं। जब ये दोनों कारक एक साथ काम करते हैं, तो वे संगठनों को असाधारण चीजें हासिल करने में सक्षम बना सकते हैं।

दृष्टि और प्रेरणा का विकास:

दृष्टि और प्रेरणा ऐसे कौशल हैं जिन्हें विकसित किया जा सकता है। यहां कुछ तरीके हैं जिनसे आप एक अधिक प्रभावी और प्रेरक नेता बन सकते हैं:

अपनी जुनून और मूल्यों को पहचानें: आपके सबसे गहरे जुनून और मूल्य आपकी दृष्टि का आधार बनेंगे।

अध्ययन और दूसरों से सीखें: महान नेताओं की जीवनी और प्रेरक किताबें पढ़ें। अन्य सफल नेताओं से मिलें और उनकी सलाह लें।

बदलाव के लिए एक स्पष्ट और आकर्षक दृष्टि कैसे विकसित करें

बदलाव एक निरंतर प्रक्रिया है जो व्यक्तिगत जीवन, संगठनों और यहां तक कि पूरे समाज को प्रभावित करती है। सफल परिवर्तन के लिए एक आवश्यक घटक एक स्पष्ट और आकर्षक दृष्टि है। एक दृष्टि एक मार्गदर्शक प्रकाश है जो लोगों को बताती है कि वे कहाँ जा रहे हैं और उन्हें वहाँ पहुँचने के लिए प्रेरित करती है।

इस लेख में, हम चर्चा करेंगे कि कैसे बदलाव के लिए एक स्पष्ट और आकर्षक दृष्टि विकसित की जाए।

1. आत्मनिरीक्षण और चिंतन करें:

अपनी दृष्टि विकसित करने का पहला कदम अपने आप को और अपने परिवेश का गहन आत्मनिरीक्षण करना है। खुद से पूछें:

- क्या मैं बदलना चाहता हूँ?
- क्यों बदलना चाहता हूँ?
- मेरे लिए बदलाव क्या मायने रखता है?
- मुझे किस तरह का बदलाव देखना है?
- यह बदलाव किसके लिए महत्वपूर्ण है?

इन सवालों के उत्तर आपको अपनी दृष्टि की नींव रखने में मदद करेंगे।

2. अपने मूल्यों और जुनून को पहचानें:

बदलाव के लिए आपकी दृष्टि आपके मूल्यों और जुनून से गहराई से जुड़ी होनी चाहिए। ये आपके जीवन का मूल तत्व हैं जो आपको प्रेरित करते हैं और आपको आगे बढ़ाते हैं।

अपने मूल्यों और जुनून को पहचानने के लिए, अपने आप से पूछें:

मेरे लिए क्या महत्वपूर्ण है?

मुझे क्या करने में मजा आता है?

मैं किसके बारे में भावुक हूँ?

मैं दुनिया को कैसे बदलना चाहता हूँ?

अपने मूल्यों और जुनून को जानने से आप एक दृष्टि विकसित कर सकते हैं जो आपके लिए सार्थक और आकर्षक है।

3. लक्ष्यों को परिभाषित करें:

एक बार जब आप अपनी दृष्टि का सार समझ जाते हैं, तो अगला कदम विशिष्ट और मापने योग्य लक्ष्यों को परिभाषित करना है। ये लक्ष्य आपको अपनी दृष्टि को प्राप्त करने के लिए एक ठोस योजना बनाने में मदद करेंगे।

लक्ष्य निर्धारित करते समय, SMART सिद्धांत को ध्यान में रखें:

Specific (विशिष्ट): अपने लक्ष्यों को यथासंभव विशिष्ट बनाएं ताकि आप जान सकें कि आप क्या हासिल करना चाहते हैं।

Measurable (मापने योग्य): अपने लक्ष्यों को मापने योग्य बनाएं ताकि आप अपनी प्रगति को ट्रैक कर सकें।

Attainable (प्राप्त करने योग्य): अपने लक्ष्यों को चुनौतीपूर्ण लेकिन प्राप्त करने योग्य बनाएं।

Relevant (प्रासंगिक): सुनिश्चित करें कि आपके लक्ष्य आपकी दृष्टि से जुड़े हैं।

- Time-bound (समयबद्ध): अपने लक्ष्यों को समयबद्ध बनाएं ताकि आपके पास उन्हें पूरा करने के लिए एक समय सीमा हो।

4. हितधारकों को शामिल करें:

बदलाव के लिए आपकी दृष्टि को सफल होने के लिए, आपको हितधारकों को शामिल करना होगा। ये लोग ऐसे हैं जो आपकी दृष्टि से प्रभावित होंगे और जिन्हें इसके कार्यान्वयन में भाग लेने की आवश्यकता होगी।

हितधारकों को शामिल करने के कुछ तरीके हैं:

- उन्हें अपनी दृष्टि के बारे में बताएं।
- उनके विचारों और प्रतिक्रिया को जानें।
- उन्हें योजना बनाने और निर्णय लेने में शामिल करें।
- उन्हें अपनी दृष्टि के प्रति जवाबदेह बनाएं।

हितधारकों को शामिल करने से आपकी दृष्टि को मजबूत बनाने में मदद मिलती है और यह सुनिश्चित होता है कि यह सभी के लिए स्वीकार्य और प्राप्य है।

परिवर्तन अपरिहार्य है, लेकिन यह अक्सर विघटनकारी और कठिन होता है। एक स्पष्ट और आकर्षक दृष्टि परिवर्तन को सुचारू रूप से चलाने और लोगों को इस प्रक्रिया में शामिल करने के लिए एक शक्तिशाली उपकरण है। यह भविष्य की एक आशावादी छवि प्रस्तुत करता है जो लोगों को उत्तेजित और प्रेरित करती है।

एक स्पष्ट और आकर्षक दृष्टि के लक्षण:

स्पष्ट और संक्षिप्त: इसे आसानी से समझाया जाना चाहिए और याद रखा जाना चाहिए। जटिल शब्दों और अस्पष्टता से बचें।

आकर्षक और आशावादी: यह लोगों को उत्साहित और भविष्य के बारे में अच्छा महसूस कराना चाहिए।

यथार्थवादी और प्राप्त करने योग्य: इसे महत्वाकांक्षी होना चाहिए, लेकिन साथ ही साथ प्राप्त करने योग्य भी होना चाहिए। यदि आपका लक्ष्य बहुत दूर का लगता है, तो लोग निराश हो सकते हैं।

सार्थक और प्रेरक: यह लोगों को अपने काम में और आपके संगठन के उद्देश्य में अर्थ खोजने में मदद करनी चाहिए।

लचीला और अनुकूलनीय: इसे बदलती परिस्थितियों के अनुरूप समायोजित किया जाना चाहिए। आपका दृष्टिकोण लक्ष्य को प्राप्त करने का मार्गदर्शक होना चाहिए, न कि एक कठोर नियम।

एक स्पष्ट और आकर्षक दृष्टि विकसित करने के लिए कदम:

1. **आत्मनिरीक्षण करें:** अपने स्वयं के मूल्यों और जुनून को पहचानें। आप किस बारे में भावुक हैं? आप दुनिया को कैसे बदलना चाहते हैं?

2. **हालात का जायजा लें:** वर्तमान स्थिति का सावधानीपूर्वक विश्लेषण करें, ताकत, कमजोरियों, अवसरों और खतरों को ध्यान में रखें।

3. **अध्ययन और शोध करें:** अपनी उद्योग में रुझानों को समझें और अपने लक्षित दर्शताओं की जरूरतों और इच्छाओं को जानें।

4. **मंथन करें:** अलग-अलग विचारों के साथ आने के लिए अपने आप को और अपनी टीम को चुनौती दें।

5. **प्रतिक्रिया प्राप्त करें:** अपनी दृष्टि को दूसरों के सामने पेश करें और उनसे प्रतिक्रिया प्राप्त करें। उनके सुझावों पर ध्यान दें और अपनी दृष्टि को परिष्कृत करें।

6. लिखित में दृष्टि को स्पष्ट करें: अपनी दृष्टि को स्पष्ट और संक्षिप्त रूप में लिखें। इसे एक ऐसा दस्तावेज़ बनाएं जिसे आसानी से साझा और संदर्भित किया जा सके।

7. अपनी दृष्टि का बार-बार संचार करें: अपनी दृष्टि को हर बैठक, भाषण और बातचीत में शामिल करें। सुनिश्चित करें कि हर कोई जानता है कि आप किस दिशा में जा रहे हैं और आप वहां कैसे पहुंचने की योजना बना रहे हैं।

8. दृष्टि के प्रति प्रतिबद्ध रहें: चुनौतियों और बाधाओं के सामने भी अपनी दृष्टि पर दृढ़ रहें। लोगों को यह दिखाएं कि आप इस पर विश्वास करते हैं और आप इसे हासिल करने के लिए प्रतिबद्ध हैं।

प्रभावी रूप से और प्रेरणादायक ढंग से दृष्टि का संचार कैसे करें

नेतृत्व के सबसे महत्वपूर्ण कार्यों में से एक अपनी दृष्टि को प्रभावी ढंग से संप्रेषित करना है। यह एक ऐसा संवाद है जो सिर्फ सूचनात्मक ही नहीं, बल्कि प्रेरक भी है। जब आप अपनी दृष्टि को साझा करते हैं, तो आप लोगों को भविष्य की ओर देखने और उसमें शामिल होने के लिए प्रेरित करते हैं।

यहां कुछ प्रभावी ढंग से संवाद करने और दूसरों को प्रेरित करने के लिए अपनी दृष्टि का उपयोग करने के तरीके दिए गए हैं:

अपने दर्शकों को जानें:

अपने संचार को उस विशिष्ट समूह के लोगों के लिए तैयार करें जिन तक आप पहुंचने की कोशिश कर रहे हैं। उनकी जरूरतों, इच्छाओं और भाषा को समझें।

स्पष्ट और संक्षिप्त रहें:

जटिल शब्दों और अनावश्यक विवरणों से बचें। अपनी दृष्टि को एक सरल, आसानी से समझने वाले संदेश में संक्षेप में बताएं।

प्रेरणादायक भाषा का प्रयोग करें:

उत्साहजनक और आशावादी भाषा का प्रयोग करें जो लोगों को उत्साहित और उत्साहित करे। सकारात्मक शब्दों और शक्तिशाली छवियों का प्रयोग करें जो लोगों को भविष्य के बारे में अच्छा महसूस कराएं।

कहानी का प्रयोग करें:

लोगों को अपनी दृष्टि से जुड़ने में मदद करने के लिए कहानी का उपयोग करें। वास्तविक जीवन के उदाहरण, उपाख्यानों और व्यक्तिगत अनुभवों को साझा करें जो आपकी दृष्टि को जीवन में उतारें।

भावुक अपील करें:

अपनी दृष्टि के पीछे के जुनून और उद्देश्य को साझा करें। लोगों को समझाएं कि आप किस बारे में भावुक हैं और आप दुनिया को कैसे बदलना चाहते हैं।

दृष्टि को कार्रवाई योग्य बनाएं:

अपनी दृष्टि को केवल एक सपने के बजाय एक ठोस योजना में बदलें। विशिष्ट लक्ष्य निर्धारित करें और उन तक पहुंचने के लिए कदमों की रूपरेखा तैयार करें। लोगों को यह दिखाएं कि आपकी दृष्टि प्राप्त करने योग्य और कार्रवाई योग्य है।

दृष्टि को बार-बार संवाद करें:

अपनी दृष्टि को एक बार नहीं, बल्कि बार-बार संवाद करें। हर बैठक, भाषण और बातचीत में इसे शामिल करें। सुनिश्चित करें कि हर कोई जानता है कि आप किस दिशा में जा रहे हैं और आप वहां कैसे पहुंचने की योजना बना रहे हैं।

प्रतिक्रिया प्राप्त करें:

अपने संचार शैली के बारे में प्रतिक्रिया प्राप्त करने के लिए दृष्टि को साझा करने के बाद लोगों से बात करें। यह आपको यह आकलन करने में मदद करेगा कि आपका संदेश कितना प्रभावी है और इसे और बेहतर बनाने के लिए क्या किया जा सकता है।

दृष्टि के प्रति प्रतिबद्ध रहें:

सुनिश्चित करें कि आपके शब्दों और कार्यों में संगतता है। अपनी दृष्टि के प्रति प्रतिबद्ध रहें और हर कदम पर उस पर अमल करें। लोगों को यह दिखाएं कि आप वास्तव में इस पर विश्वास करते हैं और आप इसे हासिल करने के लिए दृढ़ हैं।

वास्तविक दुनिया के उदाहरण:

महात्मा गांधी: गांधी ने अपने संचार में सरल भाषा का प्रयोग किया और सार्वजनिक भाषणों, बैठकों और लेखों के माध्यम से अपनी दृष्टि को प्रचारित किया। उन्होंने दैनिक जीवन में अपनी दृष्टि का प्रदर्शन करके लोगों को प्रेरित किया, जैसे कि सादा कपड़े पहनना और चरखा चलाना।

मार्टिन लूथर किंग जूनियर: किंग ने उत्कृष्ट वक्तृत्व कौशल का उपयोग किया और प्रेरणादायक भाषणों के माध्यम से अपनी दृष्टि को सामने रखा। उन्होंने प्रतीकात्मक कार्यों का भी इस्तेमाल किया, जैसे कि मॉन्टगोमरी बस बहिष्कार, अपनी दृष्टि को मूर्त रूप देने और लोगों को

स्पष्ट और संक्षिप्त रहें: जटिल शब्दों और अस्पष्टता से बचें। सुनिश्चित करें कि आपके श्रोता आपकी दृष्टि को आसानी से समझ सकते हैं।

अपने जुनून को दिखाएं: आपके जुनून और विश्वास आपके संचार में प्रकट होना चाहिए। यदि आप अपनी दृष्टि के बारे में उत्साहित नहीं हैं, तो आप दूसरों को उत्साहित करने की उम्मीद नहीं कर सकते।

कहानी सुनाएं: कहानियां लोगों को जोड़ने और उन्हें भावनात्मक स्तर पर संलग्न करने का एक शक्तिशाली तरीका है। अपनी दृष्टि को बताने के लिए कहानियों का उपयोग करें और लोगों को यह देखने में मदद करें कि आप किस तरह का भविष्य बनाना चाहते हैं।

- महत्वपूर्ण बनाएं: लोगों को समझाएं कि आपकी दृष्टि क्यों महत्वपूर्ण है और इससे उनका जीवन कैसे बेहतर होगा। उन्हें दिखाएं कि आपकी दृष्टि से क्या संभव है।

- दृश्यमान और सुलभ रहें: लोगों को अपनी दृष्टि के बारे में सुनने के लिए नियमित रूप से अवसर प्रदान करें। बैठकों, कार्यक्रमों और अनौपचारिक बातचीत में अपनी दृष्टि के बारे में बात करें।

- प्रतिबद्धता और कार्रवाई का आह्वान करें: लोगों को बताएं कि आप अपनी दृष्टि को कैसे प्राप्त करने की योजना बना रहे हैं और उनसे इस प्रक्रिया में शामिल होने के लिए कहें।

प्रभावी दृष्टि संचार के लिए उपकरण और तकनीक:

- प्रस्तुतियाँ: आकर्षक और आकर्षक प्रस्तुतियों का उपयोग करें जो आपकी दृष्टि को जीवन में लाती हैं।

- वीडियो: वीडियो एक शक्तिशाली संचार माध्यम है जो लोगों के साथ भावनात्मक स्तर पर जुड़ सकता है।

- सोशल मीडिया: सोशल मीडिया आपके संदेश को व्यापक दर्शकों तक पहुंचाने और लोगों को अपनी दृष्टि के बारे में बातचीत करने का एक शानदार तरीका है।

- प्रतीक और दृष्टांत: ठोस शब्दों से परे जाने के लिए दृश्यों और प्रतीकों का उपयोग करें और अपनी दृष्टि को और अधिक वास्तविक बनाएं।

- उदाहरण और सफलता की कहानियां: अपनी दृष्टि को कार्य करते दिखाने के लिए उदाहरणों और सफलता की कहानियों का उपयोग करें। इससे लोगों को यह विश्वास दिलाने में मदद मिलेगी कि आपकी दृष्टि प्राप्त करने योग्य है।

वास्तविक दुनिया के उदाहरण:

महात्मा गांधी: गांधी ने अहिंसा के अपने संदेश को स्पष्ट, संक्षिप्त और आकर्षक भाषा में संप्रेषित किया। वह लोगों से बात करने के लिए सरल भाषा का इस्तेमाल करते थे और कहानियों का इस्तेमाल अपने संदेश को जीवन में लाने के लिए करते थे।

मार्टिन लूथर किंग जूनियर: किंग एक शक्तिशाली वक्ता थे जिन्होंने अपने दर्शकों को प्रेरित करने के लिए लय और लय का इस्तेमाल किया। वह अपने भाषणों में कहानियों और दृष्टांतों का इस्तेमाल करते थे और अपने दर्शकों को अपने सपने का हिस्सा बनने के लिए प्रेरित करते थे।

स्टीव जॉब्स: जॉब्स एक करिश्माई नेता थे जो एक कमरे में घुसते ही ध्यान खींच लेते थे। वह अपने उत्पादों को लॉन्च करने के लिए आकर्षक प्रस्तुतियों का इस्तेमाल करते थे और लोगों को यह देखने में मदद करते थे कि उनके उत्पाद भविष्य को कैसे बदल देंगे।

प्रेरणा के माध्यम से बदलाव लाने वाले नेताओं के वास्तविक उदाहरण

इतिहास ऐसे नेताओं से भरा पड़ा है जिन्होंने अपने दृष्टिकोण, जुनून और प्रेरणा के बल पर दुनिया को बदल दिया। ये नेता लोगों को एकजुट करने, उनके दिलों को छूने और उन्हें महान ऊंचाइयों तक पहुंचने के लिए प्रेरित करने में सक्षम थे। यहां कुछ प्रेरणादायक नेताओं के वास्तविक उदाहरण हैं जिन्होंने प्रेरणा के माध्यम से परिवर्तन को जन्म दिया:

महात्मा गांधी: अहिंसा और सविनय अवज्ञा के सिद्धांतों के माध्यम से भारत को ब्रिटिश शासन से मुक्त कराने में महात्मा गांधी ने महत्वपूर्ण भूमिका निभाई। उन्होंने लोगों को अपनी इच्छाशक्ति और साहस से प्रेरित किया, यह दिखाते हुए कि शांतिपूर्ण प्रतिरोध के माध्यम से भी बड़े पैमाने पर बदलाव लाया जा सकता है।

मार्टिन लूथर किंग जूनियर: नागरिक अधिकारों के आंदोलन के अग्रणी नेताओं में से एक, मार्टिन लूथर किंग जूनियर ने नस्लीय समानता और न्याय के लिए लड़ाई लड़ी। उन्होंने अपने प्रेरक भाषणों और अहिंसक विरोध के माध्यम से लाखों लोगों को प्रेरित किया, एक ऐसे देश की दृष्टि को चित्रित किया जहां सभी लोगों को समान रूप से व्यवहार किया जाता है।

नेल्सन मंडेला: दक्षिण अफ्रीका में रंगभेद के खिलाफ लड़ाई में नेल्सन मंडेला एक प्रतीक बन गए। उन्होंने 27 साल कारावास के बाद भी अपनी जमीन पर डटे रहे और अहिंसा और क्षमा का संदेश फैलाना जारी रखा। मंडेला ने दुनिया को दिखाया कि कैसे दमनकारी शासन के खिलाफ खड़ा होना और न्याय के लिए लड़ना संभव है।

मदर टेरेसा: मदर टेरेसा ने गरीबों और बीमारों की सेवा के लिए अपना जीवन समर्पित कर दिया। उन्होंने मिशनरीज़ ऑफ चैरिटी की स्थापना

की और कोलकाता में जरूरतमंदों की देखभाल करने के लिए अथक प्रयास किया। उनका अटूट करुणा और समर्पण ने लोगों को दूसरों की सेवा करने और दुनिया को एक बेहतर स्थान बनाने के लिए प्रेरित किया।

स्टीव जॉब्स: Apple के सह-संस्थापक, स्टीव जॉब्स ने तकनीकी उद्योग में क्रांति ला दी। उनके दृष्टिकोण और जुनून ने iPhone, iPad और Mac जैसे उत्पादों को बनाने में योगदान दिया, जिसने दुनिया भर के लोगों को बदल दिया कि वे कैसे काम करते हैं, सीखते हैं और मनोरंजन करते हैं।

मलाला यूसुफ़ज़ई: पाकिस्तान में लड़कियों की शिक्षा के अधिकार के लिए मलाला यूसुफ़ज़ई ने एक साहसी आवाज उठाई। उन्होंने तालिबान के खिलाफ बोला, जिसके कारण उन्हें गोली मार दी गई थी। फिर भी, मलाला ने अपने संघर्ष का इस्तेमाल दुनिया को लड़कियों की शिक्षा के महत्व के बारे में जागरूक करने के लिए किया।

विंसेंट वान गॉग: अपने समय में एक सफल कलाकार नहीं थे, लेकिन उनकी कलात्मक दृष्टि और अभिव्यक्ति की स्वतंत्रता ने आधुनिक कला को आकार देने में मदद की। उनकी भावुक और जीवंत पेंटिंग्स ने बाद के कलाकारों को प्रेरित किया और दुनिया भर के लोगों को उनके काम के माध्यम से भावनात्मक रूप से जुड़ने की अनुमति दी।

अल्बर्ट आइंस्टीन: अपनी वैज्ञानिक प्रतिभा के लिए प्रसिद्ध, आइंस्टीन ने भी मानवतावादी कारणों के लिए अपनी आवाज उठाई। उन्होंने परमाणु हथियारों के उपयोग के खिलाफ बात की और शांति और सार्वभौमिक मानवीय मूल्यों का संदेश फैलाया।

इतिहास में ऐसे कई नेता हुए हैं जिन्होंने प्रेरणा का इस्तेमाल करके दुनिया को बदल दिया है। इन नेताओं ने लोगों की कल्पना को जगाया, उन्हें कार्रवाई करने के लिए प्रेरित किया और मानव जाति के लिए एक बेहतर भविष्य का निर्माण किया।

यहां कुछ ऐसे नेताओं के वास्तविक उदाहरण दिए गए हैं जिन्होंने प्रेरणा के जरिए बदलाव लाया:

1. महात्मा गांधी:

- गांधी जी भारत के स्वतंत्रता संग्राम के अग्रणी नेता थे, जिन्होंने अहिंसा और सविनय अवज्ञा की विचारधारा के जरिए भारत को अंग्रेजों के शासन से मुक्त कराने में महत्वपूर्ण भूमिका निभाई।
- उन्होंने अपने शांतिपूर्ण आंदोलन के जरिए लोगों को प्रेरित किया और अंग्रेजों के खिलाफ विरोध प्रदर्शन करने के लिए उन्हें एकजुट किया।
- उन्होंने अपने दृढ़ विश्वास और अहिंसा के सिद्धांत को न केवल भारत बल्कि दुनिया भर में लाखों लोगों को प्रेरित किया।

2. मार्टिन लूथर किंग जूनियर:

- डॉ. किंग जूनियर अमेरिका में नागरिक अधिकार आंदोलन के प्रमुख नेता थे, जिन्होंने अश्वेतों के लिए समानता और न्याय प्राप्त करने के लिए अहिंसक विरोध का नेतृत्व किया।
- उन्होंने अपने भावपूर्ण भाषणों और अडिग प्रतिबद्धता के जरिए लाखों लोगों को प्रेरित किया और नस्लीय भेदभाव के खिलाफ लड़ने के लिए उन्हें एकजुट किया।
- उनके "आई हैव ए ड्रीम" भाषण ने इतिहास में एक महत्वपूर्ण क्षण को चिह्नित किया और दुनिया भर में मानव अधिकारों के लिए लड़ने वाले लोगों को प्रेरित करना जारी रखा है।

3. नेल्सन मंडेला:

नेल्सन मंडेला दक्षिण अफ्रीका के पूर्व राष्ट्रपति थे, जिन्होंने रंगभेद के खिलाफ लड़ाई के लिए 27 साल जेल में बिताए।

जेल से रिहा होने के बाद, उन्होंने अपने देश को एकजुट करने और रंगभेद के खात्मे के लिए काम किया।

उन्होंने अपने क्षमा और सुलह के संदेश के जरिए लोगों को प्रेरित किया और दक्षिण अफ्रीका में एक नई शुरुआत की ओर अग्रसर हुए।

4. मदर टेरेसा:

मदर टेरेसा कलकत्ता की मिशनरीज ऑफ चैरिटी की संस्थापक थीं, जो भारत के गरीब और बीमार लोगों की सेवा के लिए समर्पित थीं।

उन्होंने अपने काम और दया के जरिए लोगों को प्रेरित किया और उन्हें जरूरतमंदों की मदद करने के लिए प्रोत्साहित किया।

उनका निस्वार्थ सेवा का भाव दुनिया भर के लोगों को प्रेरित करता रहता है।

5. मलाला यूसुफजई:

मलाला यूसुफजई पाकिस्तान की एक युवा महिला हैं, जिन्होंने महिलाओं के शिक्षा के अधिकार के लिए लड़ाई लड़ी है।

उन्होंने तालिबान द्वारा सिर में गोली मारने के बाद भी अपने प्रयासों को जारी रखा और दुनिया भर में शिक्षा के लिए एक वक्ता बन गईं।

उन्होंने अपनी दृढ़ता और साहस के जरिए लाखों लड़कियों को शिक्षा प्राप्त करने के लिए प्रेरित किया है।

6. स्टीव जॉब्स:

- स्टीव जॉब्स Apple के सह-संस्थापक और CEO थे, जिन्होंने तकनीकी दुनिया में क्रांति ला दी।
- उन्होंने अपने जुनून और दूरदर्शिता के जरिए लोगों को नए और अभिनव उत्पादों के साथ आने के लिए प्रेरित किया।
- उनके काम ने लाखों लोगों के जीवन को बदल दिया है और दुनिया को डिजाइन और नवाचार के प्रति एक नया दृष्टिकोण दिया है।

Chapter 2: Building Trust and Credibility

Chapter 2: विश्वास और विश्वसनीयता का निर्माण

नेतृत्व में विश्वास और विश्वसनीयता का महत्व

नेतृत्व एक ऐसा पद है जो दूसरों को प्रभावित करने, प्रेरित करने और मार्गदर्शन देने की क्षमता पर निर्भर करता है। सफल नेतृत्व के लिए सबसे महत्वपूर्ण कारकों में से दो विश्वास और विश्वसनीयता हैं। ये दोनों कारक एक-दूसरे को मजबूत करते हैं और नेताओं को सफलता के लिए आवश्यक मजबूत नींव प्रदान करते हैं।

विश्वास का महत्व:

विश्वास वह धारणा है कि एक नेता ईमानदार, भरोसेमंद और अपनी बात रखने में सक्षम है। यह एक अमूर्त गुण है जो समय के साथ अर्जित किया जाता है और आसानी से खोया जा सकता है। जब लोगों को किसी नेता पर विश्वास होता है, तो वे अधिक खुले, सहयोगी और उनके प्रति प्रतिबद्ध होते हैं। यह नेताओं को अधिक प्रभावी ढंग से संवाद करने, कठिन निर्णय लेने और अपने लक्ष्यों को प्राप्त करने में सक्षम बनाता है।

विश्वास कैसे अर्जित करें:

ईमानदारी और पारदर्शिता: लोगों को सच बताएं, भले ही यह कठिन हो। अपनी गलतियों को स्वीकार करें और जवाबदेह बनें।

अपने वादों को निभाएं: जो आप कहते हैं उसे करें। यदि आपको किसी वादे को निभाने में कठिनाई होती है, तो जल्द से जल्द स्पष्टीकरण दें और एक समाधान पेश करें।

- न्यायपूर्ण और निष्पक्ष रहें: सभी को सम्मान के साथ व्यवहार करें और अपने निर्णयों में निष्पक्ष रहें।
- विश्वसनीय बनें: समय का पाबंद रहें, अपनी प्रतिबद्धताओं को पूरा करें और अपने काम को उच्च स्तर पर पूरा करें।
- दूसरों की सुनें और उन पर विचार करें: लोगों को यह महसूस कराएं कि उनकी राय मायने रखती है और आप उनकी बात सुन रहे हैं।

विश्वास खोने से बचने के लिए क्या करें:

- झूठ बोलने या लोगों को धोखा देने से बचें: एक बार टूटने के बाद भरोसा फिर से बनाना बहुत मुश्किल है।
- अनुचित या अनैतिक व्यवहार में शामिल न हों: यदि आप ऐसा करते हैं, तो आप अपनी प्रतिष्ठा को नुकसान पहुंचाएंगे और लोगों का विश्वास खो देंगे।
- अपनी जिम्मेदारियों से बचें नहीं: यदि आप कोई गलती करते हैं, तो उसे स्वीकार करें और इसे ठीक करने के लिए काम करें।
- अपनी क्षमता से अधिक वादे न करें: सुनिश्चित करें कि आप जो वादा करते हैं उसे पूरा करने में सक्षम हैं।
- अहंकारी या दबंग मत बनो: लोगों को यह महसूस कराएं कि आप उनकी तरह ही एक इंसान हैं और आप उनका सम्मान करते हैं।

विश्वसनीयता का महत्व:

विश्वसनीयता वह धारणा है कि एक नेता सक्षम, जानकार और अपने काम में अच्छा है। यह एक नेता की विशेषज्ञता, अनुभव और कौशल पर आधारित है। विश्वसनीय माने जाने वाले नेताओं को लोग सम्मान करते हैं और उनका अनुसरण करते हैं क्योंकि उन्हें विश्वास होता है कि वे जानते हैं कि वे क्या कर रहे हैं और वे सफल होंगे।

विश्वसनीयता कैसे अर्जित करें:

अपने क्षेत्र में विशेषज्ञ बनें: अपने क्षेत्र में ज्ञान और अनुभव प्राप्त करें।

अपने काम में लगातार अच्छा प्रदर्शन करें: उच्च गुणवत्ता वाला काम करें और समय सीमा का पालन करें।

नई चीजें सीखने और बढ़ने के लिए तैयार रहें: अपने ज्ञान और कौशल को अप-टू-डेट रखें।

खुद को चुनौती दें और नए अवसरों को लेने के लिए तैयार रहें: यह आपको अपने कौशल को विकसित करने और अपनी विश्वसनीयता बढ़ाने में मदद करेगा।

दूसरों को सलाह और मार्गदर्शन प्रदान करें: अपने ज्ञान और अनुभव को दूसरों के साथ साझा करें।

विश्वास कई कारकों पर आधारित होता है, जिनमें शामिल हैं:

ईमानदारी और पारदर्शिता: नेताओं को ईमानदार और पारदर्शी होना चाहिए। उन्हें अपने अनुयायियों से सच बोलना चाहिए, भले ही यह सुनने में कठिन हो।

नैतिकता और अखंडता: नेताओं को नैतिक और ईमानदार होना चाहिए। उन्हें ऐसे निर्णय लेने चाहिए जो संगठन के मूल्यों और मिशन के अनुरूप हों।

जवाबदेही और जवाबदेही: नेताओं को अपने कार्यों के लिए जवाबदेह होना चाहिए। उन्हें अपने अनुयायियों को रिपोर्ट करना चाहिए और अपनी गलतियों को स्वीकार करने के लिए तैयार होना चाहिए।

सहानुभूति और करुणा: नेताओं को दूसरों की भावनाओं को समझने और उनकी परवाह करने में सक्षम होना चाहिए। उन्हें अपने अनुयायियों को

सम्मान के साथ व्यवहार करना चाहिए और उनकी जरूरतों और चिंताओं को ध्यान में रखना चाहिए।

विश्वास के निर्माण के लिए कदम:

विश्वास समय के साथ और जानबूझकर प्रयास के माध्यम से बनता है। यहां कुछ कदम हैं जो आप विश्वास बनाने के लिए उठा सकते हैं:

- अपने शब्दों को रखें: यदि आप कहते हैं कि आप कुछ करेंगे, तो करें। निरंतरता और विश्वसनीयता महत्वपूर्ण है।
- अपनी गलतियों को स्वीकार करें: कोई भी व्यक्ति सही नहीं होता है। जब आप गलती करते हैं, तो उसे स्वीकार करें और उससे सीखने के लिए तैयार रहें।
- अपनी कमियों के बारे में खुले रहें: पूर्णता के लिए प्रयास करना अच्छा है, लेकिन यह यथार्थवादी नहीं है। अपनी कमियों के बारे में खुले रहें और उन पर काम करने के लिए तैयार रहें।
- अपने अनुयायियों को सुनें: लोगों को यह महसूस कराएं कि आप उनकी बात सुन रहे हैं और उनकी राय को महत्व दे रहे हैं।
- प्रतिबद्धता और उत्साह दिखाएं: अपने अनुयायियों को यह दिखाएं कि आप संगठन और उसके लक्ष्यों के प्रति प्रतिबद्ध हैं। अपने उत्साह को संक्रामक बनने दें।

विश्वसनीयता का महत्व:

विश्वसनीयता एक नेता की उस छवि को संदर्भित करती है जो उसके अनुयायियों के पास होती है। यह वह धारणा है कि नेता सक्षम, योग्य और भरोसेमंद है। एक विश्वसनीय नेता वह होता है जिसके पास आवश्यक

ज्ञान, कौशल और अनुभव होते हैं और जो अपने काम को प्रभावी ढंग से करने के लिए सक्षम होता है।

विश्वसनीयता कई कारकों पर निर्भर करती है, जिनमें शामिल हैं:

दक्षता और अनुभव: नेताओं को अपने क्षेत्र में जानकार होना चाहिए और उन्हें आवश्यक अनुभव होना चाहिए।

दूरदर्शिता और रणनीतिक सोच: नेताओं को भविष्य को देखने और संगठन को सफलता की ओर ले जाने वाली रणनीतियों का विकास करने में सक्षम होना चाहिए।

निर्णायकता और समस्या-समाधान कौशल: नेताओं को कठिन निर्णय लेने और समस्याओं को हल करने में सक्षम होना चाहिए।

अपनी टीम के साथ विश्वास का निर्माण और मजबूत रिश्ते कैसे बनाएं

नेतृत्व की दो सबसे महत्वपूर्ण नींव विश्वास और मजबूत रिश्ते हैं। ये नींव एक संगठन को सफलता की ऊंचाइयों तक पहुंचने में मदद करती हैं। जब लोग अपने नेताओं पर विश्वास करते हैं और उनके साथ मजबूत रिश्ते होते हैं, तो वे अधिक जुड़े, अधिक उत्पादक और अधिक संतुष्ट होते हैं।

विश्वास का निर्माण:

विश्वास एक दोतरफा सड़क है। यह नेता और टीम के सदस्यों दोनों से प्रयास लेता है। यहां कुछ तरीके दिए गए हैं जिनसे आप अपनी टीम के साथ विश्वास का निर्माण कर सकते हैं:

- ईमानदार और पारदर्शी रहें: हमेशा अपनी टीम को सच बताएं, भले ही वह कठिन हो। अपने फैसलों के पीछे के कारणों को समझाएं और उनसे प्रतिक्रिया मांगें।

- अपने वादों को निभाएं: जो आप कहते हैं उसे करें। यदि आप कहते हैं कि आप किसी चीज़ का ध्यान रखेंगे, तो सुनिश्चित करें कि आप ऐसा करें।

- स्वीकार करें जब आप गलत होते हैं: कोई भी व्यक्ति सही नहीं होता है। जब आप गलती करते हैं, तो उसे स्वीकार करें और माफी मांगें। इससे पता चलता है कि आप मानवीय हैं और अपने कार्यों के लिए जिम्मेदार हैं।

- दूसरों का सम्मान करें: सभी के साथ सम्मान से पेश आएं, भले ही आप उनसे असहमत हों। उनकी राय को महत्व दें और उन्हें सुनने के लिए समय निकालें।

- दयालु और सहानुभूतिपूर्ण बनें: दूसरों की भावनाओं के प्रति संवेदनशील रहें और उनकी जरूरतों को समझें। उन्हें समर्थन और प्रोत्साहन दें।

मजबूत रिश्ते बनाना:

मजबूत रिश्ते विश्वास पर बने होते हैं। एक बार जब आप अपनी टीम के साथ विश्वास का निर्माण कर लेते हैं, तो आप मजबूत रिश्तों को विकसित करना शुरू कर सकते हैं। यहां कुछ तरीके दिए गए हैं:

अपने टीम के सदस्यों को जानने का प्रयास करें: उनके बारे में व्यक्तिगत रूप से जानने के लिए समय निकालें। उनकी रुचियों, शौक और ताकत के बारे में जानें।

अपने टीम के सदस्यों को सशक्त बनाएं: उन्हें निर्णय लेने और अपनी जिम्मेदारियों को पूरा करने में स्वायत्तता दें।

उनकी उपलब्धियों को पहचानें और पुरस्कृत करें: जब वे अच्छा काम करें तो उन्हें बताएं कि आप उनकी सराहना करते हैं। उन्हें सार्वजनिक रूप से या निजी तौर पर पुरस्कृत करें।

उनके साथ नियमित रूप से संवाद करें: उन्हें कंपनी में क्या हो रहा है, उनके काम और उनके प्रदर्शन के बारे में अपडेट दें। उनकी प्रतिक्रिया मांगें और उनकी चिंताओं को सुनें।

उनके साथ समय बिताएं: अपने टीम के सदस्यों के साथ काम के बाहर समय बिताएं। टीम-बिल्डिंग गतिविधियों में शामिल हों या बस एक साथ बातचीत करें। इससे आपको उन्हें बेहतर जानने और उनके साथ मजबूत रिश्ते बनाने का अवसर मिलेगा।

विश्वास और मजबूत रिश्तों के लाभ:

विश्वास और मजबूत रिश्ते कई लाभ प्रदान करते हैं, जिनमें शामिल हैं:

- बेहतर संचार और सहयोग: जब लोग एक-दूसरे पर विश्वास करते हैं और मजबूत रिश्ते रखते हैं, तो वे एक-दूसरे के साथ अधिक प्रभावी ढंग से संवाद करते हैं और सहयोग करते हैं।
- बढ़ी हुई उत्पादकता: जब लोग अपने नेताओं और सहकर्मियों पर विश्वास करते हैं, तो वे अधिक व्यस्त होते हैं और अधिक उत्पादक होते हैं।
- कम तनाव और चिंता: जब लोग जानते हैं कि वे भरोसा कर सकते हैं और समर्थित हैं, तो उनके पास कम तनाव और चिंता होती है।

नेतृत्व एक जटिल और चुनौतीपूर्ण भूमिका है, जिसमें कई कारक शामिल होते हैं जो नेता के सफलता में योगदान करते हैं। इनमें से एक सबसे महत्वपूर्ण कारक है एक मजबूत टीम बनाना और उसमें विश्वास और मजबूत रिश्ते बनाना।

जब टीम के सदस्य अपने नेता पर भरोसा करते हैं और उनके साथ एक मजबूत संबंध रखते हैं, तो वे अधिक उत्पादक, अधिक लगे हुए और संगठन के लक्ष्यों को प्राप्त करने के लिए कड़ी मेहनत करने के लिए अधिक इच्छुक होते हैं।

इस लेख में, हम चर्चा करेंगे कि अपनी टीम के साथ विश्वास और मजबूत रिश्ते कैसे बनाएं।

विश्वास का महत्व

विश्वास नेतृत्व और टीम के प्रदर्शन के लिए आवश्यक है। यह वह आधार है जिस पर मजबूत रिश्ते बनते हैं। जब टीम के सदस्य अपने नेता पर भरोसा करते हैं, तो वे अधिक सहज महसूस करते हैं:

- गलतियाँ करना और उनसे सीखना
- नई चीजों को आजमाना और जोखिम लेना

रचनात्मक और अभिनव होना

विश्वास भी टीम के सदस्यों को अपने नेता का समर्थन करने और उनके निर्णयों का पालन करने के लिए प्रेरित करता है।

मजबूत रिश्तों का महत्व

मजबूत रिश्ते विश्वास पर बने होते हैं और टीम के सदस्यों के बीच आपसी सम्मान और समझ को बढ़ावा देते हैं। जब टीम के सदस्यों को लगता है कि उनका नेता उनकी परवाह करता है और उनकी सफलता चाहता है, तो वे अधिक संतुष्ट और प्रेरित होते हैं।

मजबूत रिश्ते भी टीम के सहयोग और संचार को बेहतर बनाते हैं। जब टीम के सदस्य एक-दूसरे पर भरोसा करते हैं और एक-दूसरे को समझते हैं, तो वे अधिक प्रभावी ढंग से एक साथ काम कर सकते हैं और संगठन के लक्ष्यों को प्राप्त कर सकते हैं।

विश्वास और मजबूत रिश्ते बनाने के तरीके

अपनी टीम के साथ विश्वास और मजबूत रिश्ते बनाने के लिए आप कई कदम उठा सकते हैं। यहां कुछ सबसे महत्वपूर्ण सुझाव दिए गए हैं:

1. ईमानदार और पारदर्शी रहें:

अपने अनुयायियों को सच बताएं, भले ही यह सुनने में कठिन हो।
अपने निर्णयों के बारे में स्पष्ट और संक्षिप्त रहें।
अपने अनुयायियों को जानकारी का प्रवाह बनाए रखें।

2. नैतिक और ईमानदार रहें:

- ऐसे निर्णय लें जो संगठन के मूल्यों और मिशन के अनुरूप हों।
- अपने अनुयायियों के साथ सम्मान और ईमानदारी से पेश आएं।
- अपने शब्दों और कार्यों में एकरूपता बनाए रखें।

3. जवाबदेह और जवाबदेही रखें:

- अपने कार्यों के लिए जिम्मेदारी लें।
- अपनी गलतियों को स्वीकार करें और उनसे सीखें।
- अपने अनुयायियों को अपनी प्रगति और उपलब्धियों के बारे में अपडेट करें।

4. सहानुभूति और करुणा दिखाएं:

- अपने अनुयायियों की भावनाओं को समझें और उनकी परवाह करें।
- उन्हें सम्मान के साथ व्यवहार करें और उनकी जरूरतों और चिंताओं को ध्यान में रखें।
- उन्हें समर्थन और मार्गदर्शन प्रदान करें

5. नियमित रूप से संवाद करें:

- अपने अनुयायियों को सुनें और उनकी राय को महत्व दें।
- उन्हें संगठन में क्या हो रहा है, इसके बारे में अपडेट रखें।
- उनके सवालों का जवाब दें और उनकी चिंताओं को दूर करें।

नेतृत्व में ईमानदारी और प्रामाणिकता: सही रास्ते पर चलना

नेतृत्व एक चुनौतीपूर्ण और जटिल भूमिका है, जिसमें निर्णय लेने, रणनीति तैयार करने, और लोगों को प्रेरित करने के लिए कई कौशल और विशेषताओं की आवश्यकता होती है। हालांकि, इन सभी आवश्यकताओं के बीच में, दो कारक हैं जो सफल नेतृत्व के लिए सबसे महत्वपूर्ण हैं: ईमानदारी और प्रामाणिकता।

ईमानदारी और प्रामाणिकता क्या है?

ईमानदारी का अर्थ है सत्यवादिता, निष्पक्षता और नैतिकता। यह अपने शब्दों और कार्यों में एकरूपता बनाए रखने और दूसरों के साथ सम्मान और ईमानदारी से व्यवहार करने के बारे में है। प्रामाणिकता का अर्थ है स्वयं के प्रति सच्चा होना और अपने मूल्यों, विश्वासों और सिद्धांतों के अनुसार कार्य करना। यह कपट, छल या दिखावे से बचने और अपने वास्तविक स्व को नेता के रूप में सामने लाने के बारे में है।

ईमानदार और प्रामाणिक नेता के गुण

एक ईमानदार और प्रामाणिक नेता कई गुणों से पहचाना जाता है:

नैतिकता और मूल्यों: एक मजबूत नैतिक आधार जो संगठन के मूल्यों और मिशन के साथ संरेखित हो।

ईमानदारी और पारदर्शिता: अपने शब्दों और कार्यों में सत्यनिष्ठ रहना, दूसरों से सच बोलना और जानकारी का प्रवाह बनाए रखना।

जवाबदेही और जवाबदेही: अपने कार्यों के लिए जिम्मेदारी लेना, अपनी गलतियों को स्वीकार करना और उनसे सीखना।

सहानुभूति और करुणा: दूसरों के विचारों और भावनाओं को समझना और उनकी परवाह करना।

- आत्म-जागरूकता: अपनी ताकत और कमजोरियों को समझना और उन पर काम करने के लिए प्रतिबद्ध होना।

- विनम्रता: अपने आप को दूसरों से ऊपर नहीं रखना और दूसरों की सफलता का सम्मान करना।

- धैर्य और दृढ़ता: चुनौतियों का सामना करने और अपने लक्ष्यों को प्राप्त करने के लिए दृढ़ रहना।

- अनुयायियों के प्रति सम्मान: सभी के साथ सम्मान और गरिमा के साथ व्यवहार करना और उनकी राय को महत्व देना।

ईमानदार और प्रामाणिक नेतृत्व के लाभ

जब नेता ईमानदार और प्रामाणिक होते हैं, तो इससे संगठन और उसके सभी हितधारकों के लिए कई लाभ होते हैं:

- विश्वास और विश्वसनीयता: ईमानदारी और प्रामाणिकता नेतृत्व में विश्वास का निर्माण करती हैं, जिससे अनुयायी अपने नेताओं पर भरोसा करते हैं और उनका समर्थन करते हैं।

- बेहतर संचार और सहयोग: ईमानदार और खुले संचार से सहयोग और टीम वर्क में सुधार होता है, जिससे संगठन के लक्ष्यों को प्राप्त करना आसान हो जाता है।

- कर्मचारी जुड़ाव और संतुष्टि: कर्मचारी ईमानदार और प्रामाणिक नेताओं की अधिक सराहना करते हैं और संगठन के लिए अधिक प्रतिबद्ध होते हैं, जिससे कर्मचारी जुड़ाव और संतुष्टि में वृद्धि होती है।

- नवोन्मेष और रचनात्मकता: ईमानदार और प्रामाणिक नेता एक खुला और सहायक वातावरण बनाते हैं जो नवीनता और रचनात्मकता को बढ़ावा देता है।

संगठनात्मक सफलता: ईमानदारी और प्रामाणिकता बेहतर निर्णय लेने, कम संघर्ष और अधिक प्रभावी नेतृत्व की ओर ले जाती हैं, जिससे संगठनात्मक सफलता की संभावना बढ़ जाती है।

नेतृत्व की कला को प्रभावशाली संचार, रणनीतिक सोच, निर्णय लेने और लोगों को प्रेरित करने की क्षमता की आवश्यकता होती है। लेकिन सफल नेतृत्व के सबसे महत्वपूर्ण स्तंभों में से दो हैं अखंडता और प्रामाणिकता। ये दोनों गुण एक साथ मिलकर नेताओं को एक मजबूत आधार प्रदान करते हैं जिससे वे संगठनों को सफलता की ओर ले जा सकते हैं।

अखंडता का क्या अर्थ है?

अखंडता का अर्थ है अपने मूल्यों, सिद्धांतों और नैतिकता के अनुरूप ईमानदार और सत्यनिष्ठ होना। इसका अर्थ है यह सुनिश्चित करना कि आपके शब्द आपके कार्यों से मेल खाते हैं और आप जो कहते हैं उसका पालन करते हैं। एक नेता के रूप में, अखंडता का मतलब है:

ईमानदार और पारदर्शी होना: अपने अनुयायियों से सच बोलें, भले ही यह सुनने में कठिन हो।

नैतिक और ईमानदार रहना: ऐसे निर्णय लें जो संगठन के मूल्यों और मिशन के अनुरूप हों।

जवाबदेह और जवाबदेही रखना: अपने कार्यों के लिए जिम्मेदारी लें।

सहानुभूति और करुणा दिखाना: दूसरों की भावनाओं को समझें और उनकी परवाह करें।

प्रामाणिकता का क्या अर्थ है?

प्रामाणिकता का अर्थ है स्वयं का सच्चा और ईमानदार संस्करण होना। इसका मतलब है कि आप कौन हैं, इसके बारे में खुले रहना और अपने

मूल्यों और विश्वासों के साथ जीना। एक नेता के रूप में, प्रामाणिकता का मतलब है:

- अपने बारे में वास्तविक और ईमानदार होना: अपने अनुयायियों को खुद का एक वास्तविक संस्करण दिखाएं।

- अपने कमजोरियों के बारे में खुले रहें: अपनी कमियों को स्वीकार करें और उन पर काम करने के लिए तैयार रहें।

- अपनी भावनाओं को व्यक्त करें: अपने अनुयायियों को बताएं कि आप कैसा महसूस करते हैं और उन्हें आपके साथ जुड़ने का अवसर दें।

- अपने आप में विश्वास रखें: अपने निर्णयों पर विश्वास करें और अपने लक्ष्यों को प्राप्त करने के लिए कड़ी मेहनत करें।

अखंडता और प्रामाणिकता के साथ नेतृत्व करने के लाभ

अखंडता और प्रामाणिकता के साथ नेतृत्व करने से कई लाभ होते हैं, जिनमें शामिल हैं:

- विश्वास और सम्मान का निर्माण: जब लोग जानते हैं कि वे अपने नेता पर भरोसा कर सकते हैं और उनका सम्मान कर सकते हैं, तो वे अधिक संलग्न होते हैं और संगठन के लक्ष्यों को प्राप्त करने के लिए कड़ी मेहनत करने के लिए अधिक इच्छुक होते हैं।

- बेहतर संचार और सहयोग: अखंडता और प्रामाणिकता के साथ नेता अधिक खुले और प्रत्यक्ष होते हैं, जिससे टीम के सदस्यों के लिए एक-दूसरे के साथ संवाद करना और सहयोग करना आसान हो जाता है।

- बढ़ा हुआ मनोबल और प्रेरणा: जब लोग जानते हैं कि उनके नेता उनके बारे में परवाह करते हैं और उनका सम्मान करते हैं, तो वे अधिक प्रेरित और उत्पादक होते हैं।

संगठनात्मक सफलता: अखंडता और प्रामाणिकता के साथ नेता संगठनों को अधिक प्रभावी और कुशल बना सकते हैं।

विश्वास की कमी के कारण भटक जाने वाले नेताओं के मामले

नेतृत्व एक गंभीर जिम्मेदारी है, जिसमें उच्च स्तर की नैतिकता, पारदर्शिता, जवाबदेही और, सबसे महत्वपूर्ण, विश्वास शामिल है। नेता बिना विश्वास के सफल नहीं हो सकते। जब नेता विश्वास खो देते हैं, तो उनके अनुयायी उनसे दूर हो जाते हैं, जिससे असंतोष, विद्रोह और अंततः विफलता होती है।

इतिहास ऐसे नेताओं के उदाहरणों से भरा है जो विश्वास की कमी के कारण अपने पद से गिर गए हैं।

1. निक्सन और वाटरगेट:

अमेरिकी राष्ट्रपति रिचर्ड निक्सन को 1972 के वाटरगेट घोटाले में अपनी भूमिका के कारण इस्तीफा देने के लिए मजबूर होना पड़ा। घोटाले में डेमोक्रेटिक पार्टी के राष्ट्रीय समिति के कार्यालय में उनकी सरकार के सदस्यों द्वारा घुसपैठ और वायरटैपिंग शामिल थी। निक्सन ने शुरू में अपनी संलिप्तता को नकारा, लेकिन बाद में रिकॉर्ड किए गए टेपों से पता चला कि वह घोटाले के बारे में जानते थे और इसमें शामिल थे। इस खुलासे ने जनता का विश्वास खो दिया और निक्सन को इस्तीफा देने के लिए मजबूर कर दिया।

2. एनरॉन का पतन:

एनरॉन एक अमेरिकी ऊर्जा कंपनी थी जो 2001 में अपने लेखा घोटाले के कारण ढह गई। कंपनी के अधिकारियों ने अपने वित्तीय विवरणों को गलत तरीके से पेश किया और अपने लाभ को बढ़ा-चढ़ाकर बताया। जब सच्चाई सामने आई, तो कंपनी के शेयरों की कीमत में भारी गिरावट आई और एनरॉन दिवालिया हो गया। इस घोटाले ने कॉर्पोरेट नेतृत्व में विश्वास

को गहरा धक्का दिया और नए कानूनों को पारित करने के लिए प्रेरित किया।

3. टाइगर वुड्स और उनका पतन:

टाइगर वुड्स एक पेशेवर गोल्फर थे जिन्हें 2009 में कई महिलाओं के साथ उनके विवाहेतर संबंधों का पता चलने के बाद सार्वजनिक रूप से बदनाम किया गया था। इस घोटाले ने उनकी छवि को नुकसान पहुंचाया और कई प्रायोजकों को खो दिया। वुड्स ने सार्वजनिक रूप से माफी मांगी और अपने व्यवहार में सुधार करने का वादा किया, लेकिन उनकी प्रतिष्ठा को ठीक होने में कई साल लग गए।

4. लांस आर्मस्ट्रांग और डोपिंग घोटाला:

लांस आर्मस्ट्रांग सात बार के टूर डी फ्रांस विजेता थे, जिन्हें 2012 में डॉपिंग के लिए प्रतिबंधित कर दिया गया था। यह पता चला कि आर्मस्ट्रांग ने अपने करियर के दौरान प्रदर्शन-बढ़ाने वाली दवाओं का इस्तेमाल किया था और अपने उपयोग को छुपाने के लिए एक परिष्कृत धोखाधड़ी योजना का आयोजन किया था। इस घोटाले ने आर्मस्ट्रांग को अपने सभी खिताबों से वंचित कर दिया और खेल जगत में विश्वास को गहरा धक्का दिया।

5. वेनस्टेन और #MeToo आंदोलन:

हॉलीवुड निर्माता हार्वे वेनस्टेन पर 2017 में कई महिलाओं ने यौन उत्पीड़न और हमले का आरोप लगाया था। इन आरोपों ने #MeToo आंदोलन को प्रेरित किया, जिसमें महिलाएँ यौन दुर्व्यवहार के अपने अनुभवों को साझा करने के लिए आगे आईं। वेनस्टेन को अपने सभी पदों से हटा दिया गया और बाद में उन्हें बलात्कार और यौन उत्पीड़न के आरोप में दोषी ठहराया गया।

नेतृत्व एक जटिल और चुनौतीपूर्ण भूमिका है। एक सफल नेता को प्रभावी संचार, रणनीतिक सोच, निर्णय लेने और लोगों को प्रेरित करने की क्षमता की आवश्यकता होती है। हालांकि, सफल नेतृत्व के सबसे महत्वपूर्ण स्तंभों में से एक है विश्वास. विश्वास वह बंधन है जो नेताओं और उनके अनुयायियों को जोड़ता है और उन्हें एकजुट करता है। जब लोग अपने नेताओं पर भरोसा नहीं करते हैं, तो परिणाम विनाशकारी हो सकते हैं।

यहां कुछ नेताओं के मामले का अध्ययन किया गया है, जिन्होंने विश्वास की कमी के कारण अपना रास्ता खो दिया:

1. रिचर्ड निक्सन:

- रिचर्ड निक्सन 1969 से 1974 तक संयुक्त राज्य अमेरिका के 37वें राष्ट्रपति थे।
- वॉटरगेट कांड में उनकी भूमिका ने उनके प्रशासन को तबाह कर दिया और उन्हें राष्ट्रपति पद छोड़ने के लिए मजबूर कर दिया।
- यह कांड विश्वास की कमी के कारण हुआ था, जिसने निक्सन और अमेरिकी लोगों के बीच संबंध को तोड़ दिया।

2. एनरॉन के सीईओ जेफ स्कीलिंग और केन ले:

- एनरॉन 1990 के दशक में एक ऊर्जा कंपनी थी, जो एक बड़े पैमाने पर लेखा घोटाले में शामिल थी।
- इस घोटाले के कारण कंपनी का पतन हुआ और हजारों लोगों की नौकरी चली गई।
- यह घोटाला विश्वास की कमी के कारण हुआ था, जिसने स्कीलिंग, ले और एनरॉन के निवेशकों के बीच संबंध को तोड़ दिया।

3. सत्यम कंप्यूटर सर्विसेज के रामलिंग राजू:

रामलिंग राजू सत्यम कंप्यूटर सर्विसेज के संस्थापक और सीईओ थे, जो 2009 में एक बड़े पैमाने पर लेखा घोटाले में शामिल था।

इस घोटाले के कारण कंपनी का पतन हुआ और हजारों लोगों की नौकरी चली गई।

यह घोटाला राजू और सत्यम के निवेशकों के बीच विश्वास की कमी के कारण हुआ था।

4. नरेंद्र मोदी और नोटबंदी:

नरेंद्र मोदी 2014 से भारत के प्रधान मंत्री हैं।

2016 में, उन्होंने 500 और 1000 रुपये के नोटों को बंद करने का फैसला लिया।

इस फैसले से अर्थव्यवस्था में अशांति पैदा हुई और लोगों के बीच सरकार के प्रति विश्वास कम हुआ।

5. ट्रम्प प्रशासन:

डोनाल्ड ट्रम्प 2017 से 2021 तक संयुक्त राज्य अमेरिका के 45वें राष्ट्रपति थे।

उनका प्रशासन कई विवादों में घिरा हुआ था, जिनमें रूसी हस्तक्षेप और यूक्रेन को सैन्य सहायता में देरी शामिल थी।

इन विवादों ने ट्रम्प प्रशासन और अमेरिकी लोगों के बीच विश्वास को कमजोर कर दिया।

Chapter 3: Empowering Others to Lead

Chapter 3: दूसरों को नेतृत्व करने का अधिकार देना

"करने" से "नेतृत्व" करने की ओर : प्रतिनिधिमंडल और सशक्तिकरण के माध्यम से परिवर्तन

आज के तेजी से बदलते और प्रतिस्पर्धी माहौल में, सफल नेतृत्व केवल कार्यों को करने के बारे में नहीं है, यह दूसरों को नेतृत्व देने के बारे में है। यह प्रतिनिधिमंडल और सशक्तिकरण के सिद्धांतों को लागू करने के माध्यम से हासिल किया जाता है।

"करने" से "नेतृत्व" करने की ओर स्थानांतरण क्यों आवश्यक है?

1. बढ़ी हुई जटिलता और कार्यभार: आज के संगठन तेजी से जटिल हो रहे हैं और कार्यभार बढ़ रहा है। एक ही व्यक्ति सभी कार्यों को करने की कोशिश करना अब संभव नहीं है।

2. कर्मचारी के कौशल और क्षमता को अनलॉक करना: जब आप कर्मचारियों को सौंपते हैं और उन्हें सशक्त बनाते हैं, तो आप उनके कौशल और क्षमता को अनलॉक करते हैं। इससे उत्पादकता और नवाचार में वृद्धि होती है।

3. विकास और सीखने के अवसर: प्रतिनिधिमंडल और सशक्तिकरण कर्मचारियों को नई चीजें सीखने और विकसित करने के अवसर प्रदान करता है। इससे संगठन में समग्र रूप से क्षमता निर्माण होता है।

4. समय और ऊर्जा को मुक्त करना: जब आप कार्यों को सौंपते हैं, तो आप अपना समय और ऊर्जा अधिक रणनीतिक कार्यों पर केंद्रित कर सकते हैं। इससे नेतृत्व प्रभावशीलता में वृद्धि होती है।

5. निर्णय लेने में सुधार: प्रतिनिधिमंडल और सशक्तिकरण के माध्यम से, निर्णय लेने का अधिकार संगठन के सभी स्तरों तक पहुंच जाता है। इससे बेहतर निर्णय लेने और तेजी से प्रतिक्रिया देने में मदद मिलती है।

प्रतिनिधिमंडल और सशक्तिकरण के सिद्धांतों को लागू करना

1. सही कार्यों को सौंपें: उन कार्यों को सौंपें जो दोहरावदार, समय लेने वाली या आपके कौशल सेट के लिए सर्वोत्तम उपयोग नहीं हैं।

2. स्पष्ट निर्देश और लक्ष्य प्रदान करें: यह सुनिश्चित करता है कि कर्मचारी जानते हैं कि उनसे क्या अपेक्षा की जाती है और वे सफल होने के लिए आवश्यक संसाधन हैं।

3. स्वायत्तता और स्वामित्व प्रदान करें: कर्मचारियों को अपने काम करने का तरीका चुनने और निर्णय लेने में स्वायत्तता दें। इससे स्वामित्व की भावना बढ़ती है और प्रेरणा मिलती है।

4. नियमित रूप से कोच और समर्थन प्रदान करें: कर्मचारियों को सफल होने के लिए आवश्यक कोचिंग और समर्थन प्रदान करें। इसमें नियमित प्रतिक्रिया प्रदान करना और उन्हें चुनौतियों का सामना करने में मदद करना शामिल है।

5. सफलता के लिए पहचान और पुरस्कार: कर्मचारियों की उपलब्धियों को पहचानें और उन्हें पुरस्कृत करें। इससे उन्हें प्रेरित रहने और अपना सर्वश्रेष्ठ प्रदर्शन करने में मदद मिलती है।

प्रतिनिधिमंडल और सशक्तिकरण के लाभ:

- बढ़ी हुई उत्पादकता और दक्षता: जब कर्मचारी अपने कौशल और क्षमता का उपयोग करने के लिए सशक्त होते हैं, तो संगठन की समग्र उत्पादकता और दक्षता बढ़ जाती है।
- बेहतर निर्णय लेने: जब निर्णय लेने का अधिकार संगठन के सभी स्तरों तक पहुंच जाता है, तो यह बेहतर निर्णय लेने और तेजी से प्रतिक्रिया देने में मदद करता है।
- कर्मचारी का बढ़ा हुआ जुड़ाव और प्रेरणा: जब कर्मचारियों को स्वायत्तता और स्वामित्व दिया जाता है, तो वे अधिक जुड़ाव और प्रेरित होते हैं। इससे कर्मचारी प्रतिधारण और संगठनात्मक सफलता में वृद्धि होती है।
- नेता विकास: प्रतिनिधिमंडल और सशक्तिकरण नेताओं को अपने कौशल विकसित करने और अधिक रणनीतिक भूमिका निभाने में मदद करते हैं।

समस्या: "करने" का जाल

- अत्यधिक कार्यभार: जब नेता सब कुछ खुद करने की कोशिश करते हैं, तो वे खुद को काम से अभिभूत पाते हैं। इससे तनाव, थकान और अंतिम रूप से बर्नआउट हो सकता है।
- सीमित विकास: "करने" के चक्कर में फंसे नेताओं के पास नए कौशल सीखने, रणनीतिक सोचने और अपने नेतृत्व शैली को विकसित करने के लिए सीमित समय होता है।
- टीम की डिमोटिवेशन: जब नेता सब कुछ खुद ही संभाल लेते हैं, तो वे अपनी टीम के सदस्यों को सीखने और बढ़ने के अवसरों से वंचित कर देते हैं। इससे टीम में निराशा और कम मनोबल हो सकता है।

समाधान: प्रतिनिधिमंडल और सशक्तिकरण

प्रतिनिधिमंडल कार्यों और जिम्मेदारियों को दूसरों को सौंपने की प्रक्रिया है। सशक्तिकरण दूसरों को निर्णय लेने और कार्रवाई करने के लिए आवश्यक अधिकार और विश्वास प्रदान करने की प्रक्रिया है।

प्रतिनिधिमंडल और सशक्तिकरण के लाभ:

दक्षता बढ़ी: जब नेता कार्यों को प्रभावी ढंग से सौंपते हैं, तो वे अपनी खुद की क्षमताओं को मुक्त कर देते हैं और अपनी टीम के सदस्यों की ताकत का लाभ उठा सकते हैं। यह संगठन की समग्र दक्षता और उत्पादकता को बढ़ाता है।

प्रचालन क्षमता का विकास: जब टीम के सदस्यों को जिम्मेदारी और अधिकार दिया जाता है, तो वे अपने कौशल और अनुभव को विकसित कर सकते हैं। इससे संगठन की समग्र परिचालन क्षमता में वृद्धि होती है।

टीम का मनोबल बढ़ा: प्रतिनिधिमंडल और सशक्तिकरण से टीम के सदस्यों को अपनी क्षमताओं में विश्वास बढ़ता है और संगठन के लिए उनकी स्वामित्व की भावना बढ़ती है। इससे बेहतर टीम मनोबल और जुड़ाव होता है।

नेता का विकास: प्रतिनिधिमंडल और सशक्तिकरण नेताओं को रणनीतिक सोच, लोगों के प्रबंधन और अपने नेतृत्व शैली को विकसित करने पर ध्यान केंद्रित करने के लिए समय देता है।

प्रतिनिधिमंडल और सशक्तिकरण के लिए प्रभावी रणनीतियाँ:

स्पष्ट लक्ष्य और दिशानिर्देश निर्धारित करें: स्पष्ट रूप से परिभाषित लक्ष्य और दिशानिर्देशों के साथ कार्य सौंपने से यह सुनिश्चित होता है कि टीम के सदस्य जानते हैं कि उनसे क्या अपेक्षा की जाती है और वे कैसे सफल हो सकते हैं।

- सही लोगों को सही काम सौंपें: अपनी टीम के सदस्यों की ताकत और कमजोरियों को समझें और उन्हें उनके कौशल और अनुभव के अनुरूप कार्य सौंपें।

- प्रशिक्षण और विकास प्रदान करें: अपनी टीम के सदस्यों को आवश्यक कौशल और ज्ञान प्राप्त करने में मदद करें ताकि वे अपने कार्यों को सफलतापूर्वक पूरा कर सकें।

- नियमित रूप से संवाद करें: अपनी टीम के सदस्यों के साथ नियमित रूप से चेक-इन करें और उन्हें प्रतिक्रिया और समर्थन प्रदान करें।

अपनी टीम में नेतृत्व क्षमता को पहचानना और उसका पोषण करना

एक संगठन की सफलता उसके नेताओं की गुणवत्ता पर निर्भर करती है। लेकिन महान नेताओं को ढूंढना हमेशा आसान नहीं होता है। इसलिए, यह महत्वपूर्ण है कि संगठन अपनी टीमों के भीतर मौजूद नेतृत्व क्षमता को पहचानने और उसका पोषण करने के लिए सक्रिय कदम उठाएं।

नेतृत्व क्षमता की पहचान कैसे करें:

प्रदर्शन का मूल्यांकन: कर्मचारियों के प्रदर्शन की समीक्षा करते समय, उनका नेतृत्व कौशल और क्षमता पर ध्यान दें। क्या वे दूसरों को प्रभावित करते हैं? क्या वे समस्याओं को हल करने और निर्णय लेने में पहल करने में सक्षम हैं? क्या वे दूसरों को प्रेरित और समर्थन करने में सक्षम हैं?

360-डिग्री प्रतिक्रिया: कर्मचारियों को अपने सहयोगियों, अधीनस्थों और नेताओं से प्रतिक्रिया प्राप्त करने के लिए 360-डिग्री फीडबैक का उपयोग करें। यह आपको उनकी नेतृत्व क्षमता के बारे में एक विस्तृत दृष्टिकोण प्रदान कर सकता है।

व्यवहार का अवलोकन: अपनी टीम के सदस्यों के व्यवहार का बारीकी से निरीक्षण करें। क्या वे चुनौती लेने के इच्छुक हैं? क्या वे टीम के खिलाड़ी हैं? क्या वे रचनात्मक और अभिनव हैं?

आत्म-मूल्यांकन: कर्मचारियों को अपनी नेतृत्व क्षमताओं और आकांक्षाओं का आकलन करने के लिए स्व-मूल्यांकन उपकरण प्रदान करें।

नेतृत्व क्षमता का पोषण कैसे करें:

- प्रशिक्षण और विकास के अवसर प्रदान करें: कर्मचारियों को अपने नेतृत्व कौशल को विकसित करने के लिए प्रशिक्षण कार्यक्रम, कार्यशाला और अन्य सीखने के अवसर प्रदान करें।

- प्रतिनिधिमंडल और सशक्तिकरण: अपनी टीम के सदस्यों को जिम्मेदारी और अधिकार देकर उन्हें विकसित होने और अपने नेतृत्व कौशल का उपयोग करने का अवसर दें।

- मार्गदर्शन और कोचिंग प्रदान करें: अनुभवी नेताओं को अपनी टीम के सदस्यों को मार्गदर्शन और कोचिंग प्रदान करने के लिए प्रोत्साहित करें। यह उन्हें अपनी नेतृत्व क्षमता को विकसित करने और बढ़ाने में मदद कर सकता है।

- प्रतिपुष्टि और मान्यता प्रदान करें: कर्मचारियों के नेतृत्व प्रयासों को स्वीकार करें और उनकी सफलता के लिए उन्हें पुरस्कृत करें। इससे उन्हें प्रेरित और उनमें नेतृत्व की भूमिकाओं के लिए आगे बढ़ने का आत्मविश्वास बढ़ेगा।

- नेतृत्व के अवसर प्रदान करें: अपनी टीम के सदस्यों को नेतृत्व के अवसर प्रदान करें, जैसे कि परियोजनाओं का नेतृत्व करना, टीमों का प्रबंधन करना और संगठन में महत्वपूर्ण निर्णयों में भाग लेना। यह उन्हें वास्तविक अनुभव प्राप्त करने और अपने कौशल का अभ्यास करने का अवसर प्रदान करेगा।

नेतृत्व क्षमता को विकसित करने के लिए टिप्स:

- अपने बारे में जानें: अपनी ताकत और कमजोरियों को समझें। इस आत्म-ज्ञान का उपयोग अपने नेतृत्व कौशल को विकसित करने के लिए करें।

- सीखने के लिए प्रतिबद्ध हों: नेतृत्व के बारे में किताबें पढ़ें, लेख पढ़ें और नेतृत्व कार्यक्रमों में भाग लें।

- अनुभव प्राप्त करें: नेतृत्व के अवसरों की तलाश करें और उनसे सीखें।

प्रतिक्रिया के लिए खुले रहें: दूसरों को आपको आपकी नेतृत्व शैली पर प्रतिक्रिया देने के लिए प्रोत्साहित करें और उस प्रतिक्रिया का उपयोग अपने सुधार के लिए करें।

नेटवर्क बनाएं: अन्य नेताओं के साथ जुड़ें और उनसे सीखें।

हर संगठन को सफल होने के लिए मजबूत नेताओं की आवश्यकता होती है। हालांकि, ऐसे लोग ढूंढना जिनमें नेतृत्व की क्षमता हो, हमेशा सीधा नहीं होता है। नेतृत्व अक्सर गहरे बैठे गुणों और व्यवहारों के बारे में होता है जो सतह पर स्पष्ट नहीं होते हैं।

इसलिए, यह महत्वपूर्ण है कि नेता अपनी टीमों के भीतर नेतृत्व क्षमता को पहचानने और पोषण करने के लिए सक्रिय कदम उठाएं। यह न केवल संगठन को दीर्घकालिक सफलता के लिए तैयार करता है, बल्कि टीम के सदस्यों के व्यक्तिगत और व्यावसायिक विकास को भी बढ़ावा देता है।

नेतृत्व क्षमता की पहचान कैसे करें

नेतृत्व क्षमता की पहचान के लिए कोई एक आकार-फिट-सभी दृष्टिकोण नहीं है। हालांकि, कुछ निश्चित लक्षण और व्यवहार हैं जिन पर ध्यान देना चाहिए:

1. पहल:

क्या टीम के सदस्य स्वेच्छा से जिम्मेदारी लेते हैं?

क्या वे नए विचारों और समाधानों के साथ आगे आते हैं?

क्या वे दूसरों को कार्रवाई करने के लिए प्रेरित कर सकते हैं?

2. संचार कौशल:

- क्या टीम के सदस्य स्पष्ट रूप से और प्रभावी ढंग से संवाद कर सकते हैं?
- क्या वे दूसरों को सुनने और उनकी राय को महत्व देने में सक्षम हैं?
- क्या वे दूसरों को प्रेरित और उत्साहित करने के लिए प्रेरक भाषा का उपयोग कर सकते हैं?

3. सहयोग:

- क्या टीम के सदस्य दूसरों के साथ प्रभावी रूप से काम कर सकते हैं?
- क्या वे टीम के लक्ष्यों को प्राप्त करने के लिए सहयोग करने के लिए तैयार हैं?
- क्या वे संघर्ष को रचनात्मक रूप से हल कर सकते हैं?

4. जवाबदेही:

- क्या टीम के सदस्य अपने कार्यों के लिए जिम्मेदार हैं?
- क्या वे अपने वादों को पूरा करते हैं?
- क्या वे गलतियों से सीखने और सुधार करने के लिए तैयार हैं?

5. सीखने की इच्छा:

- क्या टीम के सदस्य लगातार सीखने और बढ़ने के लिए उत्सुक हैं?
- क्या वे नई चुनौतियों का सामना करने और अपने कौशल विकसित करने के लिए तैयार हैं?
- क्या वे प्रतिक्रिया और सलाह के लिए खुले हैं?

उपरोक्त के अलावा, नेतृत्व क्षमता को पहचानने के लिए विभिन्न उपकरण और मूल्यांकन भी उपलब्ध हैं। हालांकि, यह महत्वपूर्ण है कि

इन औपचारिक तरीकों को व्यक्तिगत टिप्पणियों और अनौपचारिक बातचीत के साथ जोड़ा जाए।

नेतृत्व क्षमता को कैसे पोषित करें

एक बार जब आप अपनी टीम में नेतृत्व क्षमता की पहचान कर लेते हैं, तो अगला कदम इसे पोषित करना है। यहां कुछ प्रभावी रणनीतियां हैं:

1. प्रशिक्षण और विकास के अवसर प्रदान करें:

नेतृत्व प्रशिक्षण कार्यक्रम, कार्यशालाएं और प्रमाणन पाठ्यक्रम
कोचिंग और परामर्श
सम्मेलनों और नेतृत्व शिखर सम्मेलनों में भाग लेने के अवसर

2. चुनौतीपूर्ण और सार्थक कार्य सौंपें:

टीम के सदस्यों को नेतृत्व की भूमिकाओं में शामिल करें
उन्हें परियोजनाओं का नेतृत्व करने और निर्णय लेने के अवसर प्रदान करें
उन्हें जिम्मेदारी और जवाबदेही बढ़ाने के लिए प्रोत्साहित करें

3. नियमित प्रतिक्रिया और सलाह प्रदान करें:

ताकत और कमजोरियों पर चर्चा करें
सुधार के लिए क्षेत्रों की पहचान करें
विकास के लिए लक्ष्य निर्धारित करने में मदद करें

स्वामित्व और जवाबदेही की संस्कृति बनाना

किसी भी संगठन की सफलता के लिए स्वामित्व और जवाबदेही की एक मजबूत संस्कृति आवश्यक है। जब लोग अपने काम के लिए स्वामित्व महसूस करते हैं और अपने कार्यों के लिए जवाबदेह होते हैं, तो वे अधिक लगे हुए, अधिक उत्पादक और संगठन के लक्ष्यों को प्राप्त करने के लिए कड़ी मेहनत करने के लिए अधिक इच्छुक होते हैं।

स्वामित्व और जवाबदेही की संस्कृति क्या है?

स्वामित्व और जवाबदेही की संस्कृति एक ऐसा माहौल है जहां लोगों को अपने काम के लिए जिम्मेदार महसूस होता है और संगठन के लक्ष्यों को प्राप्त करने में अपनी भूमिका को समझते हैं। यह एक ऐसी संस्कृति है जहां लोग:

- अपने कार्यों के लिए जवाबदेह हैं: वे अपनी गलतियों को स्वीकार करते हैं और उनसे सीखने के लिए तैयार रहते हैं।
- अपने निर्णयों के लिए जिम्मेदार हैं: वे अपने कार्यों के परिणामों का स्वामित्व लेते हैं।
- संगठन के लक्ष्यों के लिए प्रतिबद्ध हैं: वे जानते हैं कि उनका काम संगठन की सफलता में कैसे योगदान देता है।
- एक-दूसरे के प्रति जवाबदेह हैं: वे एक-दूसरे को उच्च मानकों पर रखते हैं और एक-दूसरे को अपने लक्ष्यों को प्राप्त करने में मदद करते हैं।

स्वामित्व और जवाबदेही की संस्कृति के लाभ

स्वामित्व और जवाबदेही की संस्कृति के कई लाभ हैं, जिनमें शामिल हैं:

बढ़ी हुई उत्पादकता: जब लोग अपने काम के लिए स्वामित्व महसूस करते हैं, तो वे अधिक उत्पादक होते हैं और उच्च गुणवत्ता वाला काम करते हैं।

बेहतर निर्णय लेना: जब लोग अपने निर्णयों के लिए जवाबदेह होते हैं, तो वे अधिक सावधानी से सोचते हैं और बेहतर निर्णय लेते हैं।

बढ़ा हुआ मनोबल: जब लोग संगठन के लक्ष्यों के लिए प्रतिबद्ध होते हैं और एक-दूसरे के प्रति जवाबदेह होते हैं, तो उनके पास उच्च मनोबल होता है और वे काम पर अधिक संतुष्ट होते हैं।

कम लागत: जब लोग अपनी गलतियों से सीखते हैं और उन्हें दोहराने से बचते हैं, तो संगठन के लिए लागत कम होती है।

संगठनात्मक सफलता: स्वामित्व और जवाबदेही की संस्कृति संगठनों को अपने लक्ष्यों को प्राप्त करने और सफल होने में मदद करती है।

स्वामित्व और जवाबदेही की संस्कृति कैसे बनाएं?

स्वामित्व और जवाबदेही की संस्कृति बनाने के लिए, नेताओं को कई कार्रवाई करनी चाहिए:

स्पष्ट लक्ष्य और उम्मीदें निर्धारित करें: लोगों को यह जानने की जरूरत है कि उनसे क्या अपेक्षा की जाती है और वे कैसे सफलता को मापेंगे।

लोगों को अपने काम का स्वामित्व दें: उन्हें निर्णय लेने में शामिल करें और उन्हें अपने काम की दिशा निर्धारित करने का अधिकार दें।

पारदर्शी और खुले रहें: लोगों को संगठन के बारे में जानकारी दें और उनसे अपनी राय और विचार साझा करने के लिए प्रोत्साहित करें।

जवाबदेही को प्रोत्साहित करें: लोगों को अपने कार्यों के लिए जवाबदेह ठहराएं और उनसे गलतियों से सीखने की अपेक्षा करें।

- सफलता को पहचानें और पुरस्कृत करें: लोगों को उनके काम के लिए सराहना दें और उन्हें अपने लक्ष्यों को प्राप्त करने के लिए पुरस्कृत करें।

- विश्वास का माहौल बनाएं: लोगों को सुरक्षित महसूस करने और गलतियाँ करने के लिए प्रोत्साहित करें।

- नियमित रूप से संवाद करें: लोगों को अपडेट रखें और उनकी प्रगति पर चर्चा करें।

सफल संगठन बनाने के लिए स्वामित्व और जवाबदेही की संस्कृति बनाना आवश्यक है। जब लोग अपने काम के लिए जिम्मेदार महसूस करते हैं और संगठन की सफलता में निहित होते हैं, तो वे अधिक जुड़े होते हैं, उत्पादक होते हैं और बेहतर परिणाम प्राप्त करते हैं।

स्वामित्व और जवाबदेही की संस्कृति का अर्थ है कि सभी व्यक्ति, शीर्ष प्रबंधन से लेकर फ्रंटलाइन कर्मचारियों तक, अपने काम के लिए उत्तरदायी हैं और संगठन के लक्ष्यों को प्राप्त करने में योगदान देने के लिए स्वामित्व की भावना रखते हैं।

स्वामित्व और जवाबदेही के लाभ:

- बढ़ी हुई उत्पादकता: जब लोग अपने काम के लिए जिम्मेदार महसूस करते हैं, तो वे अधिक मेहनत करने और बेहतर परिणाम प्राप्त करने के लिए प्रेरित होते हैं।

- ** बेहतर निर्णय लेना:** जब लोग अपने काम के परिणामों के लिए जिम्मेदार होते हैं, तो वे बेहतर निर्णय लेने के लिए अधिक इच्छुक होते हैं।

- नवीनता और रचनात्मकता में वृद्धि: जब लोग अपने काम में स्वामित्व महसूस करते हैं, तो वे सुधार के लिए नए विचारों और समाधानों के साथ आने की अधिक संभावना रखते हैं।

मजबूत टीम वर्क और सहयोग: जब लोग एक दूसरे के काम के लिए जवाबदेह होते हैं, तो वे अधिक संभावना रखते हैं कि वे एक साथ काम करें और एक दूसरे का समर्थन करें।

** बेहतर ग्राहक सेवा:** जब कर्मचारी अपने काम के लिए जवाबदेह होते हैं, तो वे ग्राहकों को बेहतर सेवा प्रदान करने के लिए अधिक इच्छुक होते हैं।

स्वामित्व और जवाबदेही की संस्कृति कैसे बनाएं:

1. स्पष्ट लक्ष्य और उम्मीदें निर्धारित करें:

संगठन के लक्ष्यों और उम्मीदों को स्पष्ट रूप से बताएं और सुनिश्चित करें कि सभी को पता है कि उनसे क्या अपेक्षा की जाती है।

2. सशक्तिकरण और स्वायत्तता प्रदान करें:

लोगों को निर्णय लेने और कार्रवाई करने के लिए आवश्यक अधिकार और स्वायत्तता प्रदान करें।

3. जवाबदेही को प्रोत्साहित करें:

जवाबदेही की संस्कृति को बढ़ावा दें जहां लोग अपने कार्यों के लिए जिम्मेदार हैं।

4. प्रतिनिधिमंडल:

कार्य को प्रभावी ढंग से सौंपें और लोगों को अपनी ताकत और अनुभव के अनुरूप कार्य सौंपें।

5. प्रशिक्षण और विकास प्रदान करें:

- लोगों को आवश्यक कौशल और ज्ञान प्राप्त करने में मदद करें ताकि वे अपने कार्यों को सफलतापूर्वक पूरा कर सकें।

6. नियमित रूप से संवाद करें:

- लोगों को संगठन में क्या हो रहा है, इसके बारे में अपडेट रखें।

7. प्रतिक्रिया और मान्यता प्रदान करें:

- लोगों को उनके प्रदर्शन पर प्रतिक्रिया दें और उनके अच्छे काम को पहचानें।

8. भूलों से सीखें:

- एक संगठन के रूप में गलतियों से सीखें और भविष्य में उनसे बचें।

9. विश्वास और सम्मान का माहौल बनाएं:

- एक ऐसा वातावरण बनाएं जहां लोग सुरक्षित महसूस करते हैं कि वे अपनी राय दे सकते हैं और गलतियां कर सकते हैं।

10. नकारात्मक व्यवहार को संबोधित करें:

- जवाबदेही से बचने या संगठन को नुकसान पहुंचाने वाले व्यवहार को सहिष्णु न बनाएं।

परिवर्तन के प्रतिरोध पर विजय प्राप्त करना और लक्ष्य प्राप्ति के लिए समर्थन प्राप्त करना

परिवर्तन जीवन का एक अनिवार्य हिस्सा है, लेकिन इसका अर्थ यह नहीं है कि इसे आसानी से स्वीकार किया जाता है। अक्सर, लोग नए विचारों और तरीकों के प्रति अनिच्छुक होते हैं, जिससे परिवर्तन के कार्यान्वयन में बाधा उत्पन्न होती है। इस चुनौती को पार करने के लिए, प्रभावी रणनीतियों की आवश्यकता होती है जो परिवर्तन के प्रतिरोध को कम करती हैं और लक्ष्य प्राप्ति के लिए समर्थन बढ़ाती हैं।

परिवर्तन के प्रतिरोध के कारण:

अज्ञात का डर: लोग नई चीजों के बारे में अनिश्चित हैं और भविष्य के परिणामों से डरते हैं।

नियंत्रण का नुकसान: परिवर्तन लोगों को उनकी दिनचर्या और परिचित वातावरण से हटा सकता है, जिससे नियंत्रण का नुकसान महसूस हो सकता है।

विश्वास की कमी: यदि लोगों को नेतृत्व या प्रस्तावित परिवर्तन पर भरोसा नहीं है, तो वे प्रतिरोध कर सकते हैं।

व्यक्तिगत प्रभाव: परिवर्तन व्यक्तिगत शक्ति संरचनाओं और कार्य प्रणालियों को बदल सकता है, जिससे कुछ लोगों को खतरा महसूस हो सकता है।

परिवर्तन के प्रतिरोध को कम करने के लिए रणनीतियाँ:

स्पष्ट और पारदर्शी संचार:

परिवर्तन के कारणों, लक्ष्यों और प्रक्रियाओं को स्पष्ट रूप से बताएं।

नियमित रूप से अपडेट प्रदान करें और प्रगति पर लोगों को सूचित रखें।

- ईमानदार और प्रत्यक्ष रहें, भले ही खबर अच्छी या बुरी हो।

2. सहभागिता और स्वामित्व:

- परिवर्तन प्रक्रिया में लोगों को शामिल करें और उनकी राय और विचारों को महत्व दें।
- उन्हें निर्णय लेने और कार्यान्वयन में भाग लेने के अवसर प्रदान करें।
- लोगों को परिवर्तन के बारे में स्वामित्व महसूस करने में मदद करें।

3. प्रशिक्षण और विकास:

- लोगों को परिवर्तन के लिए आवश्यक ज्ञान और कौशल से लैस करें।
- उन्हें नई भूमिकाओं और जिम्मेदारियों के लिए तैयार करें।
- उनके आत्मविश्वास और क्षमता को बढ़ाएं।

4. समर्थन और मान्यता:

- परिवर्तन के दौरान लोगों को आवश्यक सहायता प्रदान करें।
- उनकी भावनाओं और चिंताओं को सुनने के लिए तैयार रहें।
- उनके प्रयासों को पहचानें और उनकी सफलताओं का जश्न मनाएं।

5. नकारात्मक व्यवहार को प्रबंधित करना:

- उन लोगों से निपटें जो परिवर्तन का विरोध करते हैं।
- उनकी चिंताओं को संबोधित करें और उन्हें परिवर्तन प्रक्रिया में शामिल करें।
- यदि आवश्यक हो, तो अनुशासनात्मक कार्रवाई करने के लिए तैयार रहें।

6. लचीलापन और अनुकूलन क्षमता:

- परिवर्तन की प्रक्रिया को लचीला बनाएं और अनुकूलन करने के लिए तैयार रहें।
- अप्रत्याशित घटनाओं के लिए योजना बनाएं और उनका जवाब दें।
- सीखने और सुधार के लिए खुले रहें।

समर्थन प्राप्त करना और लक्ष्य प्राप्ति के लिए समर्थन बढ़ाना:

- परिवर्तन के लाभों को स्पष्ट रूप से बताएं और लोगों को दिखाएं कि यह उनके लिए कैसे फायदेमंद होगा।
- प्रेरक कहानियों और उदाहरणों का उपयोग करें।
- उन लोगों को पहचानें और पुरस्कृत करें जो परिवर्तन का समर्थन करते हैं।
- लक्ष्य प्राप्ति का जश्न मनाएं और लोगों को अपनी सफलता में शामिल महसूस करें।

निष्कर्ष:

परिवर्तन के प्रतिरोध को दूर करना और लक्ष्य प्राप्ति के लिए समर्थन बढ़ाना एक चुनौतीपूर्ण कार्य है। लेकिन प्रभावी रणनीतियों का उपयोग करके, आप लोगों को परिवर्तन स्वीकार करने और लक्ष्यों को प्राप्त करने के लिए प्रेरित कर सकते हैं।

परिवर्तन जीवन का एक अनिवार्य हिस्सा है, और संगठनों में भी ऐसा ही है। हालांकि, अक्सर परिवर्तन के प्रति प्रतिरोध होता है, जिससे सफल कार्यान्वयन में बाधा आती है। इस प्रतिरोध को दूर करना और समर्थन बढ़ाना महत्वपूर्ण है ताकि परिवर्तन सफल हो सके।

परिवर्तन के प्रति प्रतिरोध के कारण:

परिवर्तन के प्रति प्रतिरोध के कई कारण हैं, जिनमें शामिल हैं:

- अज्ञात का डर: लोग नए और अनिश्चित स्थितियों से डरते हैं। परिवर्तन अक्सर लोगों को उनकी दिनचर्या, आराम क्षेत्र और नियंत्रण की भावना से बाहर ले जाता है।

- अपनेपन का नुकसान: परिवर्तन अक्सर लोगों के अपनेपन और संबंधों की भावना को नुकसान पहुंचा सकता है। उदाहरण के लिए, परिवर्तन से मित्रों के साथ काम करने का तरीका, टीमों का गठन या परिचित कार्य प्रक्रियाओं को बदल सकता है।

- विश्वास की कमी: लोगों को परिवर्तन के नेतृत्व और कार्यान्वयन में विश्वास की कमी हो सकती है। यह पिछले परिवर्तन प्रयासों के नकारात्मक अनुभवों या नेतृत्व में विश्वास की कमी के कारण हो सकता है।

- परिवर्तन के व्यक्तिगत प्रभाव का डर: लोग परिवर्तन के उनके व्यक्तिगत जीवन और काम पर पड़ने वाले प्रभाव से डर सकते हैं। उन्हें डर हो सकता है कि वे अपनी नौकरी खो देंगे, अपने वर्तमान जिम्मेदारियों को खो देंगे, या नए कौशल और ज्ञान सीखने के लिए संघर्ष करेंगे।

परिवर्तन के प्रति प्रतिरोध को दूर करने के लिए रणनीतियाँ:

परिवर्तन के प्रति प्रतिरोध को दूर करने और समर्थन बढ़ाने के लिए कई रणनीतियाँ हैं, जिनमें शामिल हैं:

1. परिवर्तन की स्पष्ट रूप से व्याख्या करें:

- परिवर्तन के कारणों, लक्ष्यों और लाभों को स्पष्ट रूप से समझाएं। सुनिश्चित करें कि सभी को पता है कि क्यों बदलाव हो रहा है और यह संगठन और व्यक्तिगत रूप से उनके लिए क्या करेगा।

परिवर्तन के प्रभावों के बारे में ईमानदार रहें, अच्छे और बुरे दोनों। लोगों को आश्चर्यचकित न करें और सुनिश्चित करें कि उनके पास अपने सवाल पूछने और अपनी चिंताओं को व्यक्त करने के अवसर हैं।

2. परिवर्तन की प्रक्रिया में लोगों को शामिल करें:

लोगों को परिवर्तन की योजना और कार्यान्वयन में शामिल करें। यह उन्हें स्वामित्व की भावना देगा और प्रतिरोध को कम करने में मदद करेगा।

विभिन्न स्तरों के लोगों से इनपुट प्राप्त करें और उनकी चिंताओं को सुनें। यह आपको एक ऐसा परिवर्तन कार्यक्रम विकसित करने में मदद करेगा जो सभी के लिए यथासंभव अनुकूल हो।

3. परिवर्तन के लिए संचार योजना बनाएं:

परिवर्तन के बारे में स्पष्ट और सुसंगत संचार बनाए रखें। लोगों को नियमित अपडेट प्रदान करें और उनका ध्यान रखें। सुनिश्चित करें कि संचार सभी स्तरों तक पहुँचता है और सभी के सवालों के जवाब दिए जाते हैं।

विभिन्न संचार चैनलों का उपयोग करें, जैसे कि टाउन हॉल मीटिंग, ईमेल, समाचार पत्र और सोशल मीडिया। यह सुनिश्चित करने में मदद करेगा कि सभी को सूचित किया जाए और कोई भी महत्वपूर्ण जानकारी छूट न जाए।

4. प्रशिक्षण और विकास प्रदान करें:

लोगों को परिवर्तन के लिए आवश्यक कौशल और ज्ञान विकसित करने में मदद करें। यह उन्हें नए परिवर्तन के साथ अधिक आरामदायक महसूस करने और इसे सफलतापूर्वक अपनाने के लिए बेहतर तरीके से तैयार होने में मदद करेगा।

- प्रशिक्षण और विकास के अवसर प्रदान करें, जैसे कि कार्यशालाएं, ऑनलाइन पाठ्यक्रम और कोचिंग। यह लोगों को नए कौशल सीखने और अपने आराम क्षेत्र से बाहर निकलने का अवसर देगा।

Chapter 4: Navigating Challenges and Overcoming Obstacles

Chapter 4: चुनौतियों का सामना करना और बाधाओं को पार करना

परिवर्तन पहल में बाधाओं और चुनौतियों की अनिवार्यता

परिवर्तन जीवन का एक अभिन्न अंग है, और संगठनों के लिए भी ऐसा ही है। हालांकि, परिवर्तन हमेशा सहज या सरल नहीं होता है। वास्तव में, परिवर्तन की प्रक्रिया अक्सर बाधाओं और चुनौतियों से भरी होती है। इन बाधाओं और चुनौतियों को समझना और उनका प्रभावी ढंग से सामना करना परिवर्तन को सफलतापूर्वक लागू करने के लिए आवश्यक है।

परिवर्तन पहल में बाधाओं और चुनौतियों के कुछ सामान्य स्रोतों में शामिल हैं:

1. परिवर्तन के प्रति प्रतिरोध:

लोग अज्ञात का डर, अपनेपन का नुकसान, विश्वास की कमी, और परिवर्तन के व्यक्तिगत प्रभाव के डर के कारण परिवर्तन का विरोध कर सकते हैं।

परिवर्तन के प्रति प्रतिरोध को दूर करने के लिए, परिवर्तन की आवश्यकता, इसके लाभों और प्रक्रिया के बारे में खुला और पारदर्शी संचार आवश्यक है। लोगों को परिवर्तन में शामिल करना और उनकी चिंताओं को सुनना भी महत्वपूर्ण है।

2. अपर्याप्त योजना और संचार:

- यदि परिवर्तन को अच्छी तरह से योजनाबद्ध और संचारित नहीं किया जाता है, तो भ्रम, अफवाहें और प्रतिरोध पैदा हो सकता है।
- परिवर्तन के लिए एक स्पष्ट योजना बनाना और इसे सभी हितधारकों के साथ प्रभावी ढंग से संवाद करना आवश्यक है।

3. अपर्याप्त प्रशिक्षण और संसाधन:

- यदि लोगों को परिवर्तन के लिए आवश्यक कौशल और ज्ञान नहीं है, तो वे प्रतिरोध कर सकते हैं या असफल हो सकते हैं।
- परिवर्तन के लिए प्रशिक्षण और विकास प्रदान करना और लोगों को आवश्यक संसाधन देना महत्वपूर्ण है।

4. नेतृत्व की कमी:

- परिवर्तन को सफलतापूर्वक लागू करने के लिए मजबूत और दृष्टिकोण रखने वाले नेतृत्व की आवश्यकता होती है।
- नेताओं को परिवर्तन के लिए एक स्पष्ट दृष्टि रखने, लोगों को प्रेरित करने और परिवर्तन प्रक्रिया के माध्यम से उनका मार्गदर्शन करने की आवश्यकता होती है।

5. संगठनात्मक संस्कृति:

- एक जोखिम-अपूर्ण या परिवर्तन-विरोधी संगठनात्मक संस्कृति परिवर्तन को लागू करना कठिन बना सकती है।
- संगठनात्मक संस्कृति को बदलने में समय लगता है, लेकिन परिवर्तन को सफलतापूर्वक लागू करने के लिए यह आवश्यक हो सकता है।

बाधाओं और चुनौतियों के बावजूद, परिवर्तन को सफलतापूर्वक लागू किया जा सकता है। सफलता की कुंजी पूर्वानुमान, सावधानीपूर्वक योजना, प्रभावी संचार, मजबूत नेतृत्व और परिवर्तन के लिए प्रतिबद्धता है।

परिवर्तन को सफल बनाने के लिए कुछ अतिरिक्त सुझाव:

- लचीला रहें: परिवर्तन की प्रक्रिया के दौरान योजनाओं को समायोजित करने के लिए तैयार रहें।
- नकारात्मकता को दूर करें: परिवर्तन पर सकारात्मक दृष्टिकोण बनाए रखें और अन्य लोगों को प्रेरित करें।
- समय पर रोकें और समीक्षा करें: परिवर्तन की प्रगति की निगरानी करें और समायोजन करें।
- सफलताओं का जश्न मनाएं: परिवर्तन के दौरान सफलताओं को पहचानें और उनका जश्न मनाएं।

परिवर्तन पहल में बाधाओं और चुनौतियों को स्वीकार करना और उनका सामना करना महत्वपूर्ण है। इन बाधाओं और चुनौतियों को समझने और उनका प्रभावी ढंग से सामना करने से संगठनों को परिवर्तन को सफलतापूर्वक लागू करने और अपने लक्ष्यों को प्राप्त करने में मदद मिल सकती है।

परिवर्तन जीवन का एक अनिवार्य हिस्सा है, चाहे वह व्यक्तिगत हो या संगठनात्मक। हालांकि, परिवर्तन कभी भी आसान नहीं होता है और इसे अक्सर बाधाओं और चुनौतियों का सामना करना पड़ता है। यह समझना महत्वपूर्ण है कि ये बाधाएं और चुनौतियां परिवर्तन प्रक्रिया का स्वाभाविक हिस्सा हैं और उन्हें सफल परिवर्तन के लिए सफलतापूर्वक नेविगेट किया जाना चाहिए।

परिवर्तन पहलों में बाधाओं के सामान्य कारण:

- अज्ञात का डर: लोग अनिश्चितता से डरते हैं और परिवर्तन अक्सर उन्हें उनके आराम क्षेत्र से बाहर धकेलता है। उन्हें नहीं पता कि क्या उम्मीद करनी है और यह उनके जीवन और काम को कैसे प्रभावित करेगा।

- विश्वास की कमी: परिवर्तन के नेतृत्व और कार्यान्वयन में विश्वास की कमी परिवर्तन को बाधित कर सकती है। लोगों को संदेह हो सकता है कि परिवर्तन सफल होगा या यह उनके हित में है।

- अपनेपन का नुकसान: परिवर्तन अक्सर लोगों के अपनेपन और संबंधों की भावना को बाधित कर सकता है। यह कर्मचारियों को असुरक्षित और हतोत्साहित महसूस करा सकता है।

- प्रतिरोध: लोग परिवर्तन के लिए प्रतिरोधी हो सकते हैं क्योंकि यह उन्हें अपनी वर्तमान स्थिति और दिनचर्या छोड़ने के लिए मजबूर करता है। उन्हें नई चीजें सीखने और नए तरीकों से काम करने के लिए भी मजबूर किया जा सकता है।

- अप्रभावी संचार: परिवर्तन के बारे में अस्पष्ट या अपर्याप्त संचार से भ्रम और गलतफहमी पैदा हो सकती है। इससे प्रतिरोध और विरोध बढ़ सकता है।

- संसाधनों की कमी: परिवर्तन को सफलतापूर्वक लागू करने के लिए समय, धन, और प्रशिक्षण जैसे संसाधनों की आवश्यकता होती है। संसाधनों की कमी से योजनाओं को पटरी से उतार सकती है और परिवर्तन प्रक्रिया को लंबा खींच सकती है।

बाधाओं और चुनौतियों को दूर करने के लिए रणनीतियाँ:

- स्पष्ट दृष्टि और मिशन: एक स्पष्ट दृष्टि और मिशन जो परिवर्तन के उद्देश्य को स्पष्ट करता है और लोगों को प्रेरित करता है।

- प्रभावी संचार: सभी हितधारकों के साथ खुला, ईमानदार और लगातार संचार।
- विन-विन समाधान: ऐसे समाधान खोजना जो सभी हितधारकों के लिए लाभदायक हों।
- प्रतिरोध को प्रबंधित करना: प्रतिरोध के कारणों को समझना और उनका समाधान करना।
- प्रशिक्षण और विकास: लोगों को परिवर्तन के लिए आवश्यक कौशल और ज्ञान प्रदान करना।
- लचीलापन: परिवर्तन प्रक्रिया के दौरान अनुकूलन और समायोजन करने के लिए तैयार रहना।
- परिवर्तन को मनाना: सफलता का जश्न मनाना और परिवर्तन के लाभों को दृश्यमान बनाना।

बाधाओं और चुनौतियों का सामना करने के लिए अनुकूल दृष्टिकोण:

- बाधाओं और चुनौतियों को अवसरों के रूप में देखें: बाधाओं और चुनौतियों को सीखने और बढ़ने के अवसरों के रूप में देखें।
- नकारात्मकता पर ध्यान केंद्रित करने से बचें: नकारात्मकता से बचें और परिवर्तन के सकारात्मक पहलुओं पर ध्यान केंद्रित करें।
- लचीला और अनुकूलनीय रहें: परिवर्तन के लिए अनुकूलन और समायोजन करने के लिए तैयार रहें।
- समर्थन मांगें: जरूरत पड़ने पर मदद और समर्थन मांगने में संकोच न करें।

मुश्किल बातचीत को सुलझाने के लिए प्रभावी संचार रणनीतियाँ

जीवन में हम सभी को मुश्किल बातचीत का सामना करना पड़ता है। चाहे वह असहमत सहकर्मी के साथ हो, निराश परिवार के सदस्य के साथ हो, या अप्रसन्न ग्राहक के साथ हो, मुश्किल बातचीत तनावपूर्ण और चुनौतीपूर्ण हो सकती है। हालांकि, प्रभावी संचार रणनीतियों का उपयोग करके, इन मुश्किल बातचीतों को सकारात्मक परिणामों के साथ हल किया जा सकता है।

मुश्किल बातचीत के लिए प्रभावी संचार रणनीतियाँ:

1. तैयारी करें:

- बातचीत से पहले, अपने आप को स्पष्ट करें कि आप क्या हासिल करना चाहते हैं।
- उन बिंदुओं को लिख लें जिन्हें आप बनाना चाहते हैं और संभावित प्रतिक्रियाओं के बारे में सोचें।
- शांत और विनम्र रहने का प्रयास करें।

2. सक्रिय रूप से सुनें:

- जब दूसरा व्यक्ति बोल रहा हो तो ध्यान से सुनें और उनकी बातों को समझने की कोशिश करें।
- बीच में न आएं और उन्हें अपनी बात पूरी करने दें।
- उन्हें यह दिखाने के लिए सिर हिलाएं और उचित संकेत दें कि आप सुन रहे हैं।

3. "मैं" कथनों का प्रयोग करें:

"आप" कथनों के बजाय "मैं" कथनों का उपयोग करें।

"मुझे ऐसा लगता है..." या "मुझे तब कैसा लगता है जब..." जैसे वाक्यांशों का प्रयोग करें, ताकि आप अपनी भावनाओं को व्यक्त कर सकें।

यह कम आक्रामक और अधिक सहायक है।

4. सहानुभूति दिखाएं:

यह समझने की कोशिश करें कि दूसरा व्यक्ति कैसा महसूस कर रहा है।

उनकी बात को देखने का प्रयास करें और उनकी भावनाओं को स्वीकार करें।

"मुझे समझ में आता है कि आप ऐसा क्यों महसूस कर रहे हैं..." जैसे वाक्यांशों का उपयोग करें।

5. स्पष्ट और संक्षिप्त रहें:

जो आप कहना चाहते हैं उसे सीधे और स्पष्ट तरीके से कहें।

अस्पष्ट भाषा या धमकियों से बचें।

अपने आप को दोहराने से बचें और बातचीत को इधर-उधर भटकने न दें।

6. प्रश्न पूछें:

बातचीत को आगे बढ़ाने और दूसरे व्यक्ति को समझने के लिए प्रश्न पूछें।

खुले और बंद दोनों तरह के प्रश्न पूछें।

सुनिश्चित करें कि आप उनके उत्तरों को समझते हैं।

7. परस्पर सम्मान:

- बातचीत के दौरान दूसरे व्यक्ति का सम्मान करें, भले ही आप असहमत हों।
- उन्हें बीच में न काटें और उन्हें शांति से बोलने दें।
- व्यक्तिगत हमलों या आरोपों से बचें।

8. समझौता करें:

- एक समाधान खोजने के लिए तैयार रहें जिससे दोनों पक्ष खुश हों।
- अपने कुछ लक्ष्यों को पूरा करने के लिए तैयार रहें।
- समझौता करने से आप दोनों के लिए एक जीत की स्थिति पैदा हो सकती है।

9. बातचीत को समाप्त करें:

- बातचीत को सकारात्मक नोट पर समाप्त करें।
- अपने द्वारा किए गए किसी भी समझौते को स्पष्ट रूप से बताएं।
- यदि आवश्यक हो तो भविष्य में बातचीत जारी रखने के लिए सहमत हों।

10. धैर्य रखें:

- मुश्किल बातचीत को हल करने में समय लगता है।
- धैर्य रखें और निराश न हों।
- बातचीत को सुलझाने के लिए समय और प्रयास करने के लिए तैयार रहें।

इन रणनीतियों का उपयोग करके, आप मुश्किल बातचीत को अधिक प्रभावी ढंग से संभाल सकते हैं और उनका समाधान कर सकते हैं। याद रखें, संचार एक दोतरफा रास्ता है। दोनों पक्षों को एक-दूसरे को सुनने

और समझने के लिए तैयार रहने की आवश्यकता है। यदि आप इन रणनीतियों का उपयोग करते हैं

विपरीत परिस्थितियों में लचीलापन और सकारात्मक सोच का निर्माण

जीवन उतार-चढ़ाव से भरा होता है। हम सभी को समय-समय पर कठिनाइयों और चुनौतियों का सामना करना पड़ता है। यह स्वाभाविक है कि ये परिस्थितियां हमें हतोत्साहित और निराश करती हैं। हालांकि, ऐसे समय में लचीलापन और सकारात्मक सोच का निर्माण करना महत्वपूर्ण है।

लचीलापन क्या है?

लचीलापन विपरीत परिस्थितियों का सामना करने और वापस उठने की क्षमता है। यह तनाव और चुनौतियों का सामना करने के लिए अनुकूलन करने और आगे बढ़ने की शक्ति है। लचीला व्यक्ति के पास विभिन्न कौशल और रणनीतियाँ होती हैं जिनका उपयोग वे कठिन समय में सकारात्मक दृष्टिकोण बनाए रखने के लिए करते हैं।

सकारात्मक सोच क्या है?

सकारात्मक सोच यह विश्वास है कि चीजें अंततः ठीक हो जाएंगी। यह चुनौतियों को अवसरों के रूप में देखने और विफलताओं से सीखने का दृष्टिकोण है। सकारात्मक सोच वाले लोग आशावादी होते हैं और कठिनाइयों का सामना करने के लिए दृढ़ संकल्प रखते हैं।

लचीलापन और सकारात्मक सोच कैसे बनाएं?

यहां कुछ रणनीतियां हैं जिनका उपयोग आप विपरीत परिस्थितियों में लचीलापन और सकारात्मक सोच का निर्माण करने के लिए कर सकते हैं:

1. स्वयं दयालु बनें:

अपने आप को स्वीकार करें और अपने आप को क्षमा करें।

जब आप गलती करते हैं या कठिनाइयों का सामना करते हैं तो खुद को मत मारो।

अपने आप से उसी तरह बात करें जैसे आप किसी मित्र से बात करेंगे।

2. सकारात्मक कौपिंग तंत्र विकसित करें:

ऐसे स्वस्थ तरीके खोजें जिनसे आप तनाव और कठिनाइयों का सामना कर सकें।

ध्यान, व्यायाम, गहरी साँस लेने के व्यायाम, या किसी प्रियजन से बात करना जैसे तनावमुक्त तकनीकों का प्रयास करें।

3. कठिनाइयों को अवसरों के रूप में देखें:

चुनौतियों को सीखने और बढ़ने के अवसरों के रूप में देखें।

कठिनाइयों से आप क्या सीख सकते हैं, इस पर ध्यान दें।

अपनी गलतियों से सीखें और उनसे भविष्य में बेहतर करने का प्रयास करें।

4. कृतज्ञता का अभ्यास करें:

उन चीजों के लिए आभारी रहें जो आपके पास हैं, भले ही वे कितनी भी छोटी हों।

हर दिन कम से कम तीन चीजों के लिए आभारी होने की एक दैनिक आदत बनाएं।

कृतज्ञता का अभ्यास करने से आपका दृष्टिकोण सकारात्मक हो सकता है और तनाव कम हो सकता है।

5. सहायता मांगें:

- जब आप कठिनाइयों का सामना कर रहे हों तो मदद मांगने से डरें नहीं।
- परिवार और दोस्तों से बात करें, या पेशेवर मदद लें।
- दूसरों से बात करने से आपको अपनी भावनाओं को व्यक्त करने और एक सहायक समुदाय बनाने में मदद मिल सकती है।

6. सकारात्मक लोगों के साथ खुद को घेरें:

- ऐसे लोगों के साथ समय बिताएं जो सकारात्मक और आशावादी हों।
- उन लोगों से बचें जो नकारात्मक और हतोत्साहित करने वाले हैं।
- सकारात्मक लोगों के साथ रहने से आपका दृष्टिकोण सकारात्मक हो सकता है और आपको कठिन समय में मजबूत रहने के लिए प्रोत्साहित कर सकता है।

Chapter 5: The Sustainable Impact of Empowering Leadership

Chapter 5: सशक्त नेतृत्व का स्थायी प्रभाव

सशक्त नेतृत्व के दीर्घकालिक लाभ: व्यक्तियों, टीमों और संगठनों के लिए एक जीत

सशक्त नेतृत्व एक ऐसा नेतृत्व दर्शन है जो व्यक्तियों, टीमों और संगठनों को दीर्घकालिक लाभ प्रदान करता है। यह एक ऐसी शैली है जो स्वायत्तता, स्वामित्व और निर्णय लेने का अधिकार देकर लोगों को शक्ति प्रदान करती है। यह दृष्टिकोण पारंपरिक "कमांड-एंड-कंट्रोल" नेतृत्व से अलग है, जो सूक्ष्म प्रबंधन और केंद्रीकृत निर्णय लेने पर निर्भर करता है।

व्यक्तियों के लिए दीर्घकालिक लाभ:

बढ़ा हुआ आत्मविश्वास और स्वायत्तता: जब लोगों को अपनी भूमिकाओं में शक्तिशाली बनाया जाता है, तो वे अपने बारे में अधिक सक्षम और आश्वस्त महसूस करते हैं। उनके पास अधिक स्वतंत्रता होती है और वे अपने काम को करने का तरीका चुनने में सक्षम होते हैं। इससे उन्हें अपने कौशल और क्षमताओं को विकसित करने और अपनी पूरी क्षमता तक पहुंचने का अवसर मिलता है।

बढ़ी हुई सगाई और संतुष्टि: जब लोग अपनी नौकरियों में शामिल होते हैं और अपनी राय सुनते हैं, तो वे अपने काम में अधिक संतुष्ट महसूस करते हैं। वे अपने काम के प्रति अधिक जुनूनी और प्रतिबद्ध होते हैं, जिससे बेहतर प्रदर्शन और परिणाम मिलते हैं।

बेहतर समस्या-समाधान और निर्णय लेने के कौशल: जब लोगों को समस्याओं को हल करने और निर्णय लेने का अधिकार दिया जाता है, तो

वे इस प्रक्रिया में अधिक कुशल और प्रभावी हो जाते हैं। वे पहल करना और जिम्मेदारी लेना सीखते हैं, जिससे वे अधिक आत्मनिर्भर और लचीले बनते हैं।

- व्यक्तिगत और व्यावसायिक विकास के अवसर: सशक्त नेतृत्व व्यक्तियों को सीखने और बढ़ने के लिए एक वातावरण प्रदान करता है। लोगों को नए कौशल सीखने, जोखिम लेने और नए विचारों को आजमाने के लिए प्रोत्साहित किया जाता है। यह उन्हें अपने करियर में आगे बढ़ने और अपने व्यक्तिगत लक्ष्यों को प्राप्त करने में मदद करता है।

टीमों के लिए दीर्घकालिक लाभ:

- बेहतर सहयोग और संचार: सशक्त नेतृत्व टीमों को एक साथ अधिक प्रभावी ढंग से काम करने के लिए प्रोत्साहित करता है। टीम के सदस्य एक-दूसरे के विचारों को सुनने और उनका सम्मान करने के लिए प्रोत्साहित होते हैं। इससे बेहतर सहयोग और संचार होता है, जिससे टीम को अपने लक्ष्यों को प्राप्त करने में मदद मिलती है।

- बढ़ी हुई रचनात्मकता और नवाचार: जब टीमों को रचनात्मक और अभिनव होने के लिए प्रोत्साहित किया जाता है, तो वे नए विचारों और समाधानों के साथ आने की अधिक संभावना रखते हैं। यह टीम को अधिक प्रभावी और प्रतिस्पर्धी बनने में मदद करता है।

- बेहतर समस्या-समाधान और निर्णय लेने: जब टीमों को समस्याओं को हल करने और निर्णय लेने का अधिकार दिया जाता है, तो वे इस प्रक्रिया में अधिक कुशल और प्रभावी हो जाते हैं। टीम के सदस्य एक दूसरे के साथ काम करने और विभिन्न दृष्टिकोणों को ध्यान में रखने में सक्षम होते हैं, जिससे बेहतर समाधान मिलते हैं।

- बढ़ा हुआ विश्वास और सम्मान: सशक्त नेतृत्व टीम के सदस्यों को एक दूसरे पर भरोसा करने और सम्मान करने के लिए प्रोत्साहित करता है।

यह एक मजबूत टीम बनाने में मदद करता है जो चुनौतियों का सामना कर सकती है और एक साथ सफल हो सकती है।

सकारात्मक परिवर्तन की विरासत का निर्माण जो प्रेरित करता रहे

जीवन में सबसे सार्थक उपलब्धियों में से एक सकारात्मक परिवर्तन की विरासत का निर्माण करना है। इसका अर्थ है अपने कार्यों और प्रभाव के माध्यम से इस तरह के बदलाव लाना जो दूसरों के जीवन को बेहतर बनाते हैं और पीढ़ियों तक प्रेरणा का स्रोत बनते रहते हैं। यह एक लंबी और कठिन यात्रा हो सकती है, लेकिन इसका पुरस्कार अपार है।

सकारात्मक परिवर्तन की विरासत कैसे बनाएं:

1. एक स्पष्ट विजन और मिशन विकसित करें:

- सकारात्मक परिवर्तन लाने के लिए, आपको एक स्पष्ट विजन और मिशन की आवश्यकता है जो आपको प्रेरित करे और आपको अपने लक्ष्यों पर केंद्रित रखे।
- इस बारे में सोचें कि आप दुनिया में किस तरह का बदलाव देखना चाहते हैं और आप इसे कैसे प्राप्त करने की योजना बना रहे हैं।
- अपने विजन और मिशन को स्पष्ट रूप से परिभाषित करें और उन्हें अपने सभी कार्यों को निर्देशित करने दें।

2. जुनून और दृढ़ता दिखाएं:

- सकारात्मक परिवर्तन लाना आसान नहीं है। आपको कठिनाइयों और असफलताओं का सामना करना पड़ेगा।
- सफल होने के लिए, आपको अपने लक्ष्यों के प्रति जुनूनी और दृढ़निश्चयी होना चाहिए।
- चुनौतियों का सामना करने के लिए तैयार रहें और कभी भी हार न मानें।

3. कार्रवाई करें और प्रभाव डालें:

सकारात्मक परिवर्तन लाने के लिए, आपको कार्रवाई करनी होगी और वास्तविक प्रभाव डालना होगा।

- अपने विजन और मिशन को पूरा करने के लिए ठोस कदम उठाएं।
- छोटी शुरुआत करें और धीरे-धीरे प्रगति करें।

4. दूसरों को प्रेरित और सशक्त बनाएं:

- सकारात्मक बदलाव लाने के लिए अकेले काम करना मुश्किल है।
- दूसरों को प्रेरित और सशक्त बनाएं ताकि वे आपकी यात्रा में शामिल हों।
- अपने विचारों और जुनून को उनके साथ साझा करें और उन्हें आपके साथ काम करने के लिए प्रेरित करें।

5. सहयोग और भागीदारी को बढ़ावा दें:

- सकारात्मक परिवर्तन लाने के लिए, आपको विभिन्न हितधारकों के साथ सहयोग और भागीदारी को बढ़ावा देना चाहिए।
- विभिन्न क्षेत्रों के लोगों को एक साथ लाएं और एक आम लक्ष्य की ओर काम करें।
- विभिन्न दृष्टिकोणों का स्वागत करें और सार्थक सहयोग बनाएं।

6. धैर्य रखें और दृढ़ रहें:

- सकारात्मक परिवर्तन लाने में समय लगता है।
- परिणाम जल्दी नहीं दिख सकते।
- धैर्य रखें और अपने लक्ष्यों के प्रति दृढ़ रहें।

- अपने काम पर विश्वास करें और जानें कि आप सकारात्मक प्रभाव डाल रहे हैं।

7. सफलताओं का जश्न मनाएं और सबक सीखें:

- अपनी यात्रा के दौरान, अपनी सफलताओं का जश्न मनाना महत्वपूर्ण है।
- अपने द्वारा किए गए प्रगति को पहचानें और अपनी उपलब्धियों पर गर्व करें।
- साथ ही, अपनी गलतियों से सीखने के लिए तैयार रहें।
- अपनी यात्रा के दौरान गलतियां होंगी।
- उनसे सीखें और आगे बढ़ें।

8. विरासत को बनाए रखने और प्रसारित करने के लिए योजना बनाएं:

- सकारात्मक परिवर्तन की विरासत बनाने के लिए, आपको इसे बनाए रखने और प्रसारित करने के लिए योजना बनानी होगी।
- सुनिश्चित करें कि आपका काम आपके बाद भी जारी रहेगा।
- अपने ज्ञान और अनुभव को दूसरों के साथ साझा करें और उन्हें अपनी विरासत को आगे बढ़ाने के लिए प्रेरित करें।

नेतृत्व के प्रभाव को मापना: मात्रात्मक और गुणात्मक डेटा दोनों का उपयोग

एक प्रभावी नेता के रूप में, यह महत्वपूर्ण है कि आप अपने नेतृत्व के प्रभाव को मापें। यह आपको यह समझने में मदद कर सकता है कि आप क्या अच्छा कर रहे हैं, जहां सुधार की आवश्यकता है, और आप अपने लक्ष्यों को कितनी अच्छी तरह से प्राप्त कर रहे हैं। अपने नेतृत्व के प्रभाव को मापने के लिए, आपको मात्रात्मक और गुणात्मक डेटा दोनों का उपयोग करना चाहिए।

मात्रात्मक डेटा क्या है?

मात्रात्मक डेटा संख्यात्मक डेटा है जिसे गिना और मापा जा सकता है। उदाहरण के लिए, आप निम्नलिखित मात्रात्मक डेटा का उपयोग करके अपने नेतृत्व के प्रभाव को माप सकते हैं:

टीम का प्रदर्शन: कर्मचारियों की सगाई, संतुष्टि, अनुपस्थिति दर, उत्पादकता, और बिक्री के आंकड़े जैसे मापदंडों का उपयोग करके टीम के समग्र प्रदर्शन का आकलन करें।

वित्तीय प्रदर्शन: राजस्व वृद्धि, लाभप्रदता, और लागत बचत जैसे मापदंडों का उपयोग करके संगठन के वित्तीय प्रदर्शन का आकलन करें।

प्रक्रियागत मेट्रिक्स: विभिन्न प्रक्रियाओं की दक्षता और प्रभावशीलता को मापने के लिए मेट्रिक्स का उपयोग करें, जैसे कि प्रोजेक्ट पूरा होने का समय, समस्या समाधान का समय, और ग्राहक प्रतिक्रिया समय।

गुणात्मक डेटा क्या है?

गुणात्मक डेटा गैर-संख्यात्मक डेटा है जिसे गिना या मापा नहीं जा सकता है। यह डेटा आपको लोगों की भावनाओं, राय और अनुभवों के बारे में

जानकारी प्रदान करता है। उदाहरण के लिए, आप निम्नलिखित गुणात्मक डेटा का उपयोग करके अपने नेतृत्व के प्रभाव को माप सकते हैं:

- कर्मचारी सर्वेक्षण: कर्मचारियों को आपकी नेतृत्व शैली, संगठन की संस्कृति, और उनकी संतुष्टि के स्तर के बारे में उनकी प्रतिक्रिया प्रदान करने के लिए सर्वेक्षणों का उपयोग करें।

- फोकस समूह: कर्मचारियों के एक छोटे समूह के साथ गहन साक्षात्कार आयोजित करें ताकि उनकी राय और अनुभवों के बारे में गहराई से जानकारी प्राप्त कर सकें।

- ३६० डिग्री प्रतिक्रिया: सहकर्मियों, अधीनस्थों और वरिष्ठों के साथ सहकर्मी मूल्यांकन करें ताकि आप अपने नेतृत्व के बारे में विभिन्न दृष्टिकोण प्राप्त कर सकें।

- टिप्पणियां और टिप्पणियां: अपने व्यवहार, कार्यों और संचार को देखकर अपने नेतृत्व के प्रभाव का आकलन करें।

मात्रात्मक और गुणात्मक डेटा को एक साथ कैसे उपयोग करें:

अपने नेतृत्व के प्रभाव को पूरी तरह से समझने के लिए, मात्रात्मक और गुणात्मक डेटा का एक साथ उपयोग करना महत्वपूर्ण है। मात्रात्मक डेटा आपको एक समग्र तस्वीर प्रदान कर सकता है, जबकि गुणात्मक डेटा आपको उस तस्वीर को समझने में मदद कर सकता है। उदाहरण के लिए, आप पा सकते हैं कि आपकी टीम का प्रदर्शन उच्च है, लेकिन गुणात्मक डेटा से पता चलता है कि कर्मचारी अपनी नौकरियों से संतुष्ट नहीं हैं। यह जानकारी आपको अपने नेतृत्व शैली में सुधार करने और कर्मचारी संतुष्टि बढ़ाने में मदद कर सकती है।

अपने नेतृत्व के प्रभाव को मापने के लिए यहां कुछ सुझाव दिए गए हैं:

- अपने लक्ष्यों को स्पष्ट करें: अपने नेतृत्व के साथ क्या हासिल करना चाहते हैं, इसके बारे में स्पष्ट रहें।
- डेटा एकत्र करें: मात्रात्मक और गुणात्मक डेटा दोनों का उपयोग करके अपने नेतृत्व के प्रभाव को मापें।
- डेटा का विश्लेषण करें: एकत्र किए गए डेटा का विश्लेषण करें और निष्कर्ष निकालें।

नेतृत्व में आत्म-प्रतिबिंब और व्यक्तिगत विकास

नेतृत्व एक चुनौतीपूर्ण और पुरस्कृत भूमिका है। प्रभावी नेता बनने के लिए निरंतर सीखने और विकास की आवश्यकता होती है। यह आत्म-प्रतिबिंब और व्यक्तिगत विकास के माध्यम से होता है कि नेता अपनी ताकत और कमजोरियों को समझ सकते हैं और अपनी क्षमता तक पहुंच सकते हैं।

आत्म-प्रतिबिंब क्या है?

आत्म-प्रतिबिंब अपने विचारों, भावनाओं और कार्यों के बारे में सोचने और उन पर विचार करने की प्रक्रिया है। यह एक महत्वपूर्ण उपकरण है जो नेताओं को सीखने और बढ़ने में मदद करता है। आत्म-प्रतिबिंब के माध्यम से, नेता अपने नेतृत्व शैली के बारे में अधिक जान सकते हैं और यह क्या प्रभाव डालता है। वे अपने निर्णयों और कार्यों को भी प्रतिबिंबित कर सकते हैं और यह देख सकते हैं कि वे अपने लक्ष्यों को प्राप्त करने में कितने प्रभावी हैं।

आत्म-प्रतिबिंब के लाभ:

- बढ़ी हुई आत्म-जागरूकता
- बेहतर निर्णय लेना
- समस्या-समाधान में वृद्धि
- अधिक प्रभावी संचार
- मजबूत रिश्ते
- अधिक सफलता

व्यक्तिगत विकास क्या है?

व्यक्तिगत विकास अपने कौशल, ज्ञान और क्षमताओं को विकसित करने की एक सतत प्रक्रिया है। यह सीखने के नए कौशल, नए ज्ञान प्राप्त करने और अपने आप को चुनौती देने के बारे में है। व्यक्तिगत विकास के माध्यम से, नेता नए दृष्टिकोण सीख सकते हैं, अपनी क्षमता विकसित कर सकते हैं, और अपने लक्ष्यों को प्राप्त कर सकते हैं।

व्यक्तिगत विकास के लाभ:

- बढ़ा हुआ आत्मविश्वास
- बेहतर प्रदर्शन
- अधिक रचनात्मकता और नवाचार
- करियर में उन्नति
- व्यक्तिगत संतुष्टि

नेताओं के लिए आत्म-प्रतिबिंब और व्यक्तिगत विकास को कैसे बढ़ावा दिया जाए:

- प्रतिबिंब के लिए नियमित समय निर्धारित करें: हर दिन या हर हफ्ते कुछ समय निकालकर अपनी नेतृत्व शैली, निर्णयों और कार्यों पर चिंतन करें।
- प्रतिक्रिया मांगें: सहकर्मियों, अधीनस्थों और वरिष्ठों से अपने नेतृत्व के बारे में प्रतिक्रिया मांगें।
- एक जर्नल रखें: अपने विचारों, भावनाओं और अनुभवों को लिखना आत्म-प्रतिबिंब के लिए एक शानदार तरीका है।
- मेंटर या कोच खोजें: एक अनुभवी नेता से मार्गदर्शन और सलाह लें।
- नई चीजें सीखें: कार्यशालाओं, सम्मेलनों और नेतृत्व विकास कार्यक्रमों में भाग लेकर अपने कौशल और ज्ञान का विस्तार करें।

- प्रतिदिन चुनौती दें: अपने आप को नए कार्यों और स्थितियों में डालने के लिए जोखिम उठाएं।
- अपने आप को मनाएं: अपने विकास और उपलब्धियों को पहचानें और उनका जश्न मनाएं।

आत्म-प्रतिबिंब और व्यक्तिगत विकास किसी भी नेता के लिए आवश्यक है जो अपने क्षेत्र में सफल होना चाहता है। इन प्रक्रियाओं के माध्यम से, नेता अपने बारे में अधिक जान सकते हैं, अपनी क्षमता विकसित कर सकते हैं, और प्रभावी ढंग से नेतृत्व कर सकते हैं।

अतिरिक्त युक्तियाँ:

- अपने मूल्यों को जानें: आपके मूल्य आपके कार्यों और निर्णयों को मार्गदर्शन करते हैं। सुनिश्चित करें कि आप अपने मूल्यों के अनुरूप नेतृत्व कर रहे हैं।
- दूसरों की सफलता का जश्न मनाएं: जब आप दूसरों की सफलता का जश्न मनाते हैं, तो आप एक सकारात्मक और सहायक वातावरण बनाते हैं जो नेतृत्व की सफलता के लिए महत्वपूर्ण है।
- नम्र रहें: हमेशा सीखने के लिए तैयार रहें और नई जानकारी और दृष्टिकोणों के लिए खुले रहें।

www.ingramcontent.com/pod-product-compliance
Lightning Source LLC
LaVergne TN
LVHW020429080526
838202LV00055B/5097
* 9 7 8 8 1 1 9 6 6 9 9 5 0 *